Als Erinnerung zum Deutsch-
landbesuch August 1997

Helga v. Lutz

Schönes Europa

Merveilleuse Europe · Beautiful Europe

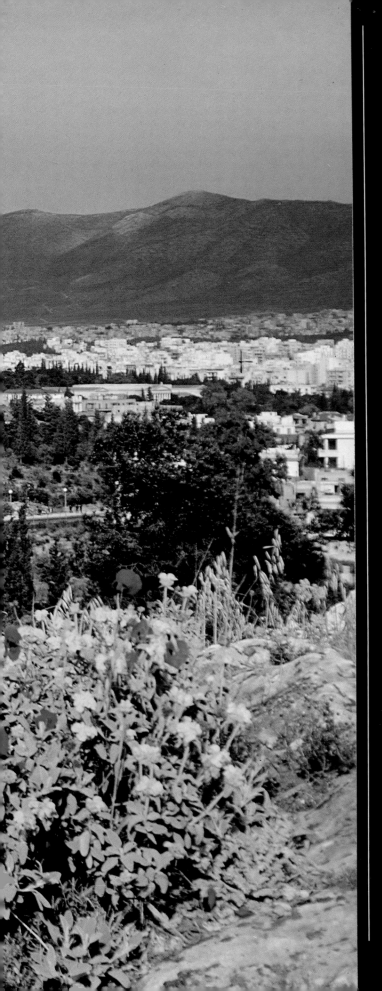

Schönes Europa

Merveilleuse Europe · Beautiful Europe

Text / Textes de / Text:
Werner Helden

Freundschaft
ist nicht nur
ein kostbares Geschenk,
sondern eine
dauernde Aufgabe.

Ihre
**COLFIRMIT
RAJASIL
GMBH**

SIGLOCH
EDITION

Titelbild auf Seite 2: Athen, Akropolis (Griechenland). Die griechische Landschaft wird beherrscht vom Licht. Über der Hauptstadt Athen ragt die Akropolis auf, die im Altertum der Stadtgöttin Athena geweihte Oberstadt. Am schönsten, wie neugeboren, präsentiert sich die marmorne Götterburg im Frühjahr, wenn ringsum alles grünt und blüht. In der stillen Mittagsstunde bietet sich vom gegenüberliegenden Philopapposhügel aus ein umfassendes Panorama, beherrscht vom Parthenon, dem Athenatempel.

Frontispice page 2: Athènes, l'Acropole (Grèce). Le paysage grec est inondé de lumière. Athènes, la capitale, est couronnée par l'Acropole, la ville haute consacrée dans l'Antiquité à la déesse Athéna. C'est au printemps, lorsque tout verdoit et fleurit alentour que la forteresse de marbre se présente dans toute sa splendeur. Aux heures paisibles de midi, la colline de Philopappos, qui lui fait face, offre un merveilleux panorama sur l'Acropole dominé par le Parthénon, le temple d'Athéna.

Frontispiece on page 2: Athens, Acropolis (Greece). The Greek countryside is dominated by light. The Acropolis, the elevated part of the city, dedicated in ancient times to the goddess Athena, rises above the modern capital. The great temple complex looks its best, as if new-born, in the spring when the surrounding vegetation is fresh and blooming. This splendid view of the whole eminence, dominated by the Parthenon, Athena's Temple, is from Philopappos Hill.

Französische Fassung: Marlène Kehayoff-Michel
Englische Fassung: Desmond Clayton

© 1991 Sigloch Edition, Zeppelinstraße 35a,
D-7118 Künzelsau
Sigloch Edition & Co., Lettenstrasse 3,
CH-6343 Rotkreuz
Nachdruck verboten. Alle Rechte vorbehalten
Printed in Germany
Reproduktion: Otterbach Repro, Rastatt
Satz: Setzerei Lihs, Ludwigsburg
Druck: SVA Süddeutsche Verlagsanstalt und Druckerei, Ludwigsburg
Papier: 150 g/m² BVS der Papierfabrik Scheufelen, Lenningen
Bindearbeiten: Sigloch Buchbinderei, Künzelsau
ISBN 3-89393-057-4

Inhaltsverzeichnis

Table des matières

Contents

Heimat Europa

Heimat! Da schwingt Gefühl mit, Verbundenheit, Vertrautheit mit einem Landstrich, den wir genau kennen, das Empfinden, hier zu Hause zu sein. Da spielen Kindheitserinnerungen mit, Bilder, Gerüche, gewachsene Bindungen zu liebgewordenen Menschen, zur Familie, zu Freunden, der vertraute Klang des heimischen Dialekts.
Aber wo fängt Heimat an, wo hört sie auf? Das kann kaum einer genau sagen, keiner räumlich genau begrenzen. Heimat ist eher ein vages Gebilde, für jeden mit anderen Gefühlen, Erinnerungen, Assoziationen besetzt. Aus unterschiedlichen Erfahrungen zusammengesetzt, ein schillerndes Ding, dessen Wert sich oft nur dem erschließt, der es wagt, seine Heimat für eine längere Zeit zu verlassen, Distanz zu nehmen vom Gewohnten, um dann doch immer wieder gerne zurückzukommen.
Europa! Vom Standpunkt des Geografen genau definiert als westlicher Teil der eurasischen Landmasse, vom Nordkap bis Kreta, von Island bis zum Ural sich erstreckend. Europa, der alte Kontinent, der am stärksten industrialisierte und dichtestbesiedelte Teil der Welt. Wiege der Demokratie, Verbreiter des Christentums, des Humanismus, der Aufklärung. Ein in viele Nationalstaaten, ethnische Gruppen, historisch, kulturell und landschaftlich unterschiedliche Regionen zerstückelter Kontinent, der eher durch seine Vielfalt als durch Einheitlichkeit geprägt ist. Was hat denn der Junge auf den Aran Islands im äußersten Westen Irlands mit seinem Altersgenossen in der Altstadt von Palermo gemein-

Notre patrie l'Europe

La patrie! C'est là un mot plein d'émotion, évocateur d'images familières, qui rappelle soudain un coin que l'on connaît bien, où l'on se sent chez soi. Des souvenirs d'enfance surgissent, des images, des parfums, des êtres chers, on pense à sa famille, ses amis, on croit entendre les accents bien connus du dialecte local.
Mais où commence la patrie et où finit-elle? Personne en fait ne peut le dire avec exactitude car la patrie est une notion vague, que l'on ne peut guère cerner, que chacun charge de sentiments, d'associations, de souvenirs divers. C'est un mélange d'expériences de toutes sortes, quelque chose de chatoyant dont la vraie signification n'est souvent révélée qu'à ceux qui ont le courage de quitter leur patrie pour un temps assez long, de sortir de leurs habitudes pour être ensuite contents de rentrer chez eux.
L'Europe. Géographiquement parlant, elle se définit comme la partie occidentale de la grande masse continentale de l'Eurasie, qui s'étend du cap Nord jusqu'en Crète, de l'Islande jusqu'à l'Oural. L'Europe, le vieux continent, la partie du monde la plus industrialisée et la plus peuplée, berceau de la démocratie, propagatrice du christianisme, de l'humanisme, de la philosophie des lumières. Un continent qui, partagé en de nombreux États, groupes ethniques et régions différentes de par leur histoire, leur culture et leur géographie, est plutôt caractérisé par la diversité que par l'uniformité. Qu'a donc, par exemple, un jeune garçon des îles Aran au large des côtes occidentales d'Irlande de commun avec

Our European Homeland

Homeland – an emotive word that first of all suggests familiarity with a particular region, a feeling of belonging, and then conjures up a whole series of mental images: recollections of childhood, typical scenes, sounds and smells, human ties, the companionship of family and friends, the music of a local dialect. But where does one's homeland begin, and where does it end? There is no general answer to these questions, because homeland is a nebulous term that demands a separate definition for each individual, making allowances for his or her special set of feelings, memories and associations. Composed of all kinds of experiences, it is an iridescent concept whose true meaning is often revealed only to those who are bold enough to leave their homeland for a longer period, who in this way achieve a new perspective, and are then glad to be able to return home again.
Europe! Geographically it is defined as the western part of the great land mass of Eurasia, extending from the North Cape to Crete, from Iceland to the Urals. Europe, the old continent, the world's most heavily industrialized and most densely populated region, cradle of Democracy, disseminator of Christianity, Humanism, and Enlightenment. A continent which – broken up as it is into many national states, ethnic groups, and regions with differing historical and cultural backgrounds and topographical features – is characterized by diversity rather than uniformity. What, for example, has a boy on the Aran Islands in the extreme west of Ireland in common with his contemporary living in the Old Quarter of

sam? Oder der schwedische Rentner, der in einer Wohngemeinschaft für Senioren im Herzen Stockholms wohnt, mit dem Oberhaupt einer griechischen Großfamilie auf Kreta?

Heimat Europa? Diese vielen Nationen, Kulturen, Sprachen, Geschichten, Traditionen, all das eine Heimat? Der alte Kontinent Europa erlebt zur Zeit sehr aufregende Tage. Lange Jahre zerschnitt ihn eine Grenze, die die gesamte Welt in einen Ost- und einen Westblock teilte. Was viele Jahre lang schon als geeintes Europa angesehen wurde, war eigentlich nur Westeuropa. Doch der Reformkurs Gorbatschows hat die Grenzen zwischen den bis zu den Zähnen bewaffneten Blöcken zum Einstürzen gebracht, hat den 45 Jahre währenden Eisernen Vorhang im Sturm des schnellen Wandels zerrissen und Europa, ja der gesamten Welt, ein völlig neues Gesicht gegeben. Von der Weichsel bis zum Balkan hat dieser frische Wind die alten Führungsstrukturen hinweggefegt. Sicher ist Europa auch kleiner geworden durch Schienenstränge, Autobahnen, Flugzeuge, Telefone, Fernsehgeräte. Jeder kann sich Europa ins Wohnzimmer holen, wir kennen die Bilder aus Belfast, aus Berlin, aus Tirana und von den Waldbränden in Südfrankreich. Wir machen Urlaub auf den Kanarischen Inseln, an der spanischen Costa Brava oder auf Kreta. Wir haben London, Paris, Rom, Florenz und Prag gesehen. Aber ist Europa dadurch unsere Heimat geworden? Haben wir mit den Bewohnern, in deren Land wir Gast waren, Gespräche geführt, eine Bezie-

quelqu'un du même âge dans le vieux quartier de Palerme? Ou bien le retraité suédois qui vit dans une communauté pour personnes du troisième âge au cœur de Stockholm avec le chef d'une grande famille grecque en Crète? Notre patrie l'Europe? Toutes ces nations, cultures, langues, histoires, traditions, tout cela ferait une patrie? Le vieux continent européen vit actuellement une période de bouleversements. Pendant de nombreuses années, il a été divisé par une frontière qui partageait le monde en un bloc oriental et un bloc occidental. Et ce qui a été considéré de longues années durant comme une Europe unifiée n'était en fait que l'Europe occidentale. Mais les réformes entreprises par Gorbatchev ont fait s'effondrer les frontières entre les deux blocs armés jusqu'aux dents, elles ont déchiré le rideau de fer en place pendant 45 ans et donné à l'Europe, ou plutôt au monde entier, un visage tout à fait nouveau. Le vent du changement a balayé les vieilles structures dirigeantes de la Vistule jusqu'aux Balkans. L'Europe a certainement aussi rapetissé grâce à tous les moyens de communication modernes, rail, autoroutes, avions, téléphones, téléviseurs. Chacun peut avoir l'Europe dans sa salle de séjour, nous avons vu des images de Belfast, Berlin, Tirana, des incendies de forêts dans le Midi de la France. Nous passons nos vacances aux îles Canaries, sur la Costa Brava en Espagne, ou en Crète. Nous avons visité Londres, Paris, Rome, Florence et Prague. Mais l'Europe est-elle devenue pour cela notre patrie? Avons-nous parlé avec les habitants des pays que nous avons visités ou établi

Palermo? – or the Swedish pensioner who lives in a commune for senior citizens in the heart of Stockholm with the head of an extended Greek family on Crete? Our European homeland? Do all these many nations, cultures, languages, histories, and traditions add up to a homeland? The old continent of Europe is experiencing a period of great change. For many years it was split by a frontier which divided the whole of the world into an East and a West Bloc. What for many years was regarded as a united Europe was in fact only West Europe. But Gorbachev's reforms have caused the frontier between the two heavily-armed blocs to collapse, have torn down the Iron Curtain which was in place for 45 years, and given Europe – indeed, the whole world – a completely new appearance. The wind of change has swept away the old authoritarian structures from the Vistula to the Balkans. Europe has certainly shrunk as a result of all the modern means of communication – railways, motorways, aircraft, the telephone, and television. People now can summon Europe into their living rooms – scenes from Belfast, Berlin, and Tirana, and of the forest fires in the South of France are familiar to us all. We spend our holidays on the Canary Islands, on the Costa Brava in Spain, or on Crete. We have seen London, Paris, Rome, Florence, and Prague. But has this made Europe into our homeland? Have we conversed with the people in the countries we have visited, or formed any kind of relationship with them? Very rarely. On the contrary – most of us spend our holi-

hung aufgebaut? Wohl in den wenigsten Fällen. Viel eher verbringen wir unseren Urlaub im Touristengetto zusammen mit unseren Landsleuten. Und schon gar nicht hat das Reisen zu mehr Gleichmut und Toleranz gegenüber den verschiedenen ethnischen und religiösen Gruppen geführt.
Heimat Europa, das ist noch kein Gefühl der Vertrautheit, eher eine schöne Vision. Bevor sich die Europäer in Europa zu Hause fühlen können, muß noch viel verändert werden. Muß sehr viel Toleranz und Weitblick in jedem von uns geweckt werden. Müssen nicht nur politische Grenzen und Barrieren fallen, sondern zwischenmenschliche Vorbehalte und Vorurteile verschwinden. Eine multikulturelle Gesellschaft hat viel zu bieten, bevor sie aber entstehen kann, muß jeder seine Ich-Zentriertheit aufgeben. Und bei all dem europäischen Gerede darf eines nicht vergessen werden: Wenn wir eine Heimat Europa schaffen, hat sie nur dann Bestand, wenn wir unser Fernziel, eine Heimat Erde, nicht aus den Augen verlieren.
Wenn Sie nun diesen Bilderbogen von Europa durchblättern, wird Ihnen ein unzerstückelter Kontinent ohne nationale Grenzen vorgeführt, ein Kontinent, der nur in geografische Großräume eingeteilt ist. Diese Impressionen von Landschaften und Menschen, Städten und Dörfern zeigen die Vielfalt Europas. Als Weltbürger und als Europäer sind wir uns alle einig: Die Harmonie von Natur und Kultur muß im großen wie im kleinen erhalten bleiben.

de quelconques relations avec eux? Rarement, il est vrai. Car, la plupart du temps, nous passons nos vacances avec nos compatriotes dans des ghettos pour touristes. Les voyages n'ont même pas fait naître plus de compréhension ou une plus grande tolérance à l'égard des différents groupes ethniques et religieux.
L'idée de notre patrie l'Europe n'est pas encore familière, c'est plutôt une belle vision. Il faudra encore beaucoup de changements avant que les Européens se sentent chez eux en Europe. Chacun de nous devra faire preuve de plus de tolérance et de largeur d'esprit. Il ne suffit pas de faire tomber les barrières et les frontières politiques, il faut encore faire disparaître nos réserves et nos préjugés. Une société multi-culturelle a beaucoup à offrir, mais pour qu'elle puisse être instaurée, il faut que chacun de nous abandonne son égocentrisme. Et, avec tout ce qui se dit sur l'Europe, il ne faut pas oublier une chose: notre but ultime doit être de créer une seule patrie, la terre.
En feuilletant ce livre illustré sur l'Europe, le lecteur découvrira un continent uni, sans frontières nationales, divisé seulement en grandes régions géographiques. Ces impressions des paysages et des gens, des villes et des villages montrent la diversité de l'Europe. Et comme citoyens du monde et comme Européens, nous devons tous convenir d'une chose: l'harmonie de la nature et de la culture doit être préservée dans les grandes comme dans les petites choses.

days in tourist ghettos, surrounded by our own countrymen. And travel has certainly not led to more understanding, or tolerance towards different ethnic and religious groups. The concept 'our European homeland' does not yet conjure up a feeling of solidarity; in fact, it remains little more than a distant ideal, a vision. A great deal will have to change before the Europeans can really feel at home in Europe. Every one of us must become much more tolerant, much more far-sighted. It is not enough that political frontiers and barriers disappear – we must also rid ourselves of prejudice and misconception. There is a lot to be said in favour of a multi-cultural society, but, before it can really be established, our egoistic attitudes will have to be discarded. And with all the superficial talk about Europe it should not be forgotten that if a European homeland is finally created it will certainly not survive for long if we lose sight of our ultimate aim: a homeland that embraces the entire world.
In leafing through this European picture-book, the reader will discover a united continent divided simply into geographical zones, without national borders. These impressions of landscapes and people, towns and villages, demonstrate Europe's diversity. As cosmopolitans and Europeans we must all agree: the harmony of nature and culture must be preserved in small and big things alike.

Schuhputzer und Basartreiben in Istanbul (Türkei)
Pope beim Glockenläuten auf Santorin (Griechenland)
Bäuerin mit Schafen und Ziegen in Montenegro (Jugo-slawien)
Bei der Rosenernte in Sredna Gora (Bulgarien)
Bauersfrau auf dem Markt in Medias, Siebenbürgen (Rumänien)

Un cireur de chaussures et un coin du bazar à Istambul (Turquie)
Un pope en train de sonner les cloches à Santorin (Grèce)
Une paysanne avec ses moutons et ses chèvres dans le Monténégro (Yougoslavie)
La cueillette des roses dans la Sredna Gora (Bulgarie)
Paysannes au marché à Medias en Transylvanie (Roumanie)

Shoe-cleaner, and bazaar scene in Istanbul (Turkey)
Orthodox priest as bell-ringer on Santorini (Greece)
Peasant woman with sheep and goats in Montenegro (Yugoslavia)
The rose harvest in the Sredna Gora mountains (Bulgaria)
Farmers' wives at the market in Medias, Transylvania (Romania)

SÜDOSTEUROPA
EUROPE DU SUD-EST
SOUTH-EAST EUROPE

◀ Bauer beim Dreschen mit Eseln auf der Insel Ios (Kykladen, Griechenland)
▶ Kap Sunion mit dem Poseidontempel (Attika, Griechenland). Das felsige Griechenland ist ringsum von tiefblauem Meer umgeben. Unweit von Athen springt die Landschaft Attika als Halbinsel in die Ägäis vor. Auf ihrer Südostspitze, dem Kap Sunion, steht die Ruine des berühmten Poseidontempels aus dem 5. Jahrhundert v. Chr. Die Griechen der Antike opferten hier dem Gott des Meeres, dem sie als Seefahrer ihr Schicksal anvertrauten.

◀ Paysan occupé au battage avec ses ânes dans l'île d'Ios (Cyclades, Grèce)
▶ Le cap Sounion avec le temple de Poséidon (Attique, Grèce). Pays rocheux, la Grèce est entourée d'une mer aux eaux d'un bleu foncé. Non loin d'Athènes, l'Attique s'avance en presqu'île dans la mer Égée. Sur sa pointe sud-est, le cap Sounion, se trouvent les ruines du célèbre temple de Poséidon datant du Ve siècle av. J.-C. Les Grecs de l'Antiquité y offraient ici des sacrifices au dieu des mers auquel ils confiaient leur destin de navigateurs.

◀ Farmer threshing with donkeys on the Island of Ios (Cyclades, Greece)
▶ Cape Soúnion, with the Temple of Poseidon (Attica, Greece). The rocky countryside of Greece is embraced by the deep-blue sea. Not far from Athens, the nome of Attica extends as a peninsula into the Aegean. On its southeastern tip, Cape Soúnion, stand the ruins of the famous Temple of Poseidon, built in the 5th century BC. The seafaring ancient Greeks offered up sacrifices here to Poseidon, the god of the oceans.

◀ **Santorin/Thíra, die Inselhauptstadt Thíra (Kykladen, Griechenland).** Hunderte von Inseln umkränzen das griechische Festland. Santorin oder Thíra mit seinen drei Nachbarinseln ist von vulkanischem Geschehen geprägt. Steil ragen seine abgebrochenen Kraterwände aus dem Meer auf, und ganz oben klammern sich die strahlend weiß gekalkten Würfelhäuser und Kirchen an den Fels.
▶ **Patmos, das Johanneskloster über dem Hafen (Sporaden, Griechenland).** Weit draußen, nur sechzig Kilometer vor der türkischen Küste, träumt das Felseneiland Patmos, wo der Evangelist Johannes seine Visionen der Apokalypse empfing. Das hochgelegene Johanneskloster schützte sich mit wehrhaften Mauern gegen feindliche Überfälle.

◀ **Île de Théra/Santorin, Théra, le chef-lieu de l'île (Cyclades, Grèce).** Des centaines d'îles encerclent le continent grec. Théra, avec son collier d'îlots, est le produit d'une explosion volcanique. Les parois abruptes du cratère surgissent de la mer et, tout en haut des falaises, les maisons cubiques et les églises toutes blanches peintes à la chaux s'accrochent au rocher.
▶ **Patmos, le monastère de Saint-Jean au-dessus du port (Sporades, Grèce).** Loin du continent grec, à soixante kilomètres seulement de la côte turque, Patmos où saint Jean reçut la vision de l'Apocalypse est une île de rêve. Le monastère haut perché est entouré de murs fortifiés qui devaient le protéger des attaques ennemies.

◀ **Santoríni/Thíra, the island's capital Thíra (Cyclades, Greece).** The sea surrounding the Greek mainland is dotted with hundreds of islands. Santoríni, or Thíra, and its three neighbouring islands are of volcanic origin. The broken sides of the volcano rise steeply from the sea, and clinging to the crest are the bright, white-washed cubiform houses and churches.
▶ **Patmos, the Monastery of St John above the harbour (Sporades, Greece).** Far out at sea, only forty miles from the Turkish coast, lies the idyllic rocky island of Patmos, where St John the Divine received his Revelation. The Monastery, perched high up on a hill, is built like a fortress.

◀ **Mikonos, Windmühlen (Kykladen, Griechenland).** Wo Meer ist, gibt es auch Wind. Die Bewohner der Insel Mikonos errichteten an der Westküste eine Reihe von Windmühlen, die zum Teil noch heute ihren Dienst tun.
▶ **Landschaft bei Stenon in Hocharkadien (Peloponnes, Griechenland).** Im gebirgigen Innern Griechenlands blieb die Zeit stehen. Die Natur folgt hier ihren eigenen Gesetzen von Werden und Vergehen. Nur wenige Hirten und Kleinbauern finden in dieser weltfernen Einsamkeit ihr mühsames Auskommen.

◀ **Mykonos, moulins à vent (Cyclades, Grèce).** Qui dit mer dit aussi vent. Les habitants de l'île de Mykonos ont construit sur la côte ouest une série de moulins à vent dont certains sont encore en service aujourd'hui.
▶ **Paysage près de Stenon en Haute-Arcadie (Péloponnèse, Grèce).** Dans l'intérieur montagneux de la Grèce, le temps semble s'être arrêté. La nature obéit ici à ses propres lois. Seuls quelques bergers et petits paysans arrivent à subsister péniblement dans cette région solitaire et reculée.

◀ **Mykonos, windmills (Cyclades, Greece).** Where there is sea, there is also wind. The inhabitants of Mykonos built a whole series of windmills, some of which are still operating, along the west coast of their island.
▶ **Countryside near Stenon in the Arcadian Mountains (Peloponnes, Greece).** Time seems to have stood still in the mountainous areas of Greece. Here nature follows its own laws of growth and decay. This remote area provides only a meagre living for a few shepherds and small-holders.

◀ **Meteorakloster Hagia Triada (Thessalien, Griechenland).** Die Allgegenwart einer beseelten Natur in dieser kyklopischen Landschaft hat stets Menschen zu Besinnung und Andacht bewegt. Einsiedler und Mönche zogen sich vor Jahrhunderten besitzlos auf die unzugänglichen und einst völlig abgeschiedenen Riesenfelsen bei Kalambaka zurück, um nur ihrem Glauben zu leben.
▶ **Kreta, Kloster Panagia Kalyviani vor dem Idagebirge (Griechenland).** Wie hier auf Kreta, der größten griechischen Insel, vollzieht sich überall in Hellas alljährlich im Frühling das Wunder des sich erneuernden Lebens: Ein Meer leuchtend bunter Blumen überzieht die felsigen Hänge. Die jetzt noch schneebedeckten Gipfel des Ida gelten nach der antiken Sage als Geburtsstätte des Göttervaters Zeus.

◀ **Le monastère d'Haghia Triada (Thessalie, Grèce).** L'étrange nature de ce paysage cyclopéen a de tout temps invité à la réflexion et au recueillement. Il y a plusieurs siècles, des ermites et des moines se sont retirés dans le dénuement sur ces gigantesques rochers inaccessibles et autrefois complètement isolés près de Kalambaka afin de se consacrer uniquement à leur foi.
▶ **Crète, couvent de la Panagia Kalyviani avec le mont Ida (Grèce).** En Crète, comme partout en Grèce, chaque année au printemps s'accomplit le miracle de la vie qui renaît: une mer de fleurs aux couleurs éclatantes recouvre les versants rocheux. Selon la légende antique, Zeus, le père des dieux aurait vu le jour sur les sommets du mont Ida que l'on voit ici encore couverts de neige.

◀ **The Metéora Monastery of Ayía Triádha (Thessaly, Greece).** The grandeur of nature in this Cyclopean countryside has always moved people to meditation and devotion. Centuries ago, hermits and monks renounced worldly possessions, and withdrew to the seclusion of these scarcely accessible and once utterly remote giant rocks near Kalambáka to devote themselves entirely to their faith.
▶ **Crete, the Monastery of Panayía Kalyviani, with the Ida Mountains (Greece).** As here, on Crete, the largest Greek island, the miraculous renewal of life takes place throughout the whole of Greece in spring, and the rocky slopes are covered by a carpet of flowers. The summits of the Ida Mountains, here still snow-covered, were in ancient times regarded as the birthplace of Zeus, the 'father of gods and men'.

Korfu/Kérkira, Kanonibucht mit dem Vlacherna-Kloster (Ionische Inseln, Griechenland). Nordwestlicher Vorposten Griechenlands am Eingang zur Adria, zog dieses Eiland von jeher romantische Gemüter in seinen Bann. Ein kleiner Ausflug bringt uns von der Inselhauptstadt zu der friedlichen Bucht, einem idealen Naturhafen. Auf dem vorgelagerten Inselchen liegt wie ein Spielzeug das trauliche Vlacherna-Kloster. Dahinter sehen wir Pondikonissi mit seinen schwermütigen Zypressen, das den Maler Arnold Böcklin zu seiner »Toteninsel« anregte.

Corfou/Kérkyra, la baie de Kanoni avec le couvent des Blachernes (îles Ioniennes, Grèce). Avant-poste de la Grèce au nord-ouest, à l'entrée de l'Adriatique, cette île a toujours fasciné les esprits romantiques. Une petite excursion nous conduit du chef-lieu de l'île jusqu'à la paisible baie qui constitue un port naturel idéal. Sur l'îlot situé devant, le ravissant petit couvent des Blachernes est posé comme un jouet. Derrière, on aperçoit l'îlot Pondikonissi (île Souris) avec ses cyprès mélancoliques qui a inspiré le peintre Arnold Böcklin pour son «Île des morts».

Corfu/Kérkira, Kanóni Bay with the Monastery of Vlakhérnai, Ionian Islands, Greece). As the most north-westerly outpost of Greece at the entrance to the Adriatic, this island has always appealed to romantic natures. It is only a short excursion from the island's capital to this peaceful bay, an ideal natural harbour. Vlakhérnai Monastery lies on the nearby islet like a toy. Behind it we can see Pondikonísi, with its sombre cypresses, which inspired Arnold Böcklin's 'Isle of the Dead'.

Istanbul, Sonnenuntergang am Bosporus (Türkei).
Geheimnisvoll begegnet uns diese Stadt, die Pforte zum
Orient, ehemals Byzanz und Konstantinopel genannt. Der
Schnittpunkt des Landweges zwischen Europa und Asien
und des Seeweges zwischen Mittelmeer und Schwarzem
Meer war auch ein Knotenpunkt der Geschichte. Nähern
wir uns bei Sonnenuntergang mit dem Schiff der Galata-
Brücke, so ergibt sich ein unvergeßlicher Anblick: Im gol-
denen Dunst heben sich zart die Minarette und Moscheen
vor der sinkenden Nacht ab – die ehrwürdige Hagia Sophia,
die Blaue Moschee, die Suleymaniye – wahre Wunder der
Baukunst.

Istanbul, coucher de soleil sur le Bosphore (Turquie).
Appelée autrefois Byzance puis Constantinople, Istanbul,
la porte de l'Orient, est une ville toute de mystère. Ce point
d'intersection des routes entre l'Europe et l'Asie et de la
voie maritime entre la Méditerranée et la mer Noire a également été un carrefour de l'histoire. Du bateau qui s'approche du pont de Galata sous le soleil couchant, la vue est
inoubliable: dans la brume dorée, les minarets et les mosquées se profilent délicatement sur fond de nuit qui tombe:
la vénérable basilique Sainte-Sophie, la mosquée bleue, la
mosquée Süleymaniye – véritables merveilles d'architecture.

Istanbul, sunset on the Bosporus (Turkey). This city, the
"Gateway to the Orient", formerly called Constantinople,
and earlier still Byzantium, is caught here in a mysterious
mood. Lying as it does at the point of intersection of the
land route between Europe and Asia and the sea route between the Mediterranean and the Black Sea, Istanbul has
always been a place of immense strategic and historical
importance. As we approach the Galata Bridge by ship at
sunset we are rewarded with an unforgettable aspect. From
the golden haze the slender minarets and the domes of the
mosques rise against the evening sky: the venerable Hagia
Sophia, the Blue Mosque, the Suleimaniye Mosque – some
of the world's most notable buildings.

◀ **Edirne, Selimiye-Moschee (Türkei).** In Ostthrakien, unweit der türkisch-griechischen Grenze, liegt Edirne, die zweitgrößte Stadt der europäischen Türkei. Von 1361 bis zur Eroberung Konstantinopels 1453 residierten hier die osmanischen Sultane.
▼ **Istanbul, Sultan-Suleyman-Moschee (Türkei).** Betreten wir mit bloßen Füßen, wie es der Brauch ist, eine Moschee, so umfängt uns die eigenartig weltentrückte Atmosphäre einer fremden Religion.

◀ **Edirne, mosquée de Selim II (Turquie).** Deuxième grande ville de la Turquie d'Europe, Edirne est située en Thrace orientale, non loin de la frontière turco-grecque. Les sultans ottomans y résidèrent de 1361 jusqu'à la prise de Constantinople en 1453.
▼ **Istambul, mosquée de Soliman le Magnifique (Turquie).** Lorsque l'on entre dans une mosquée, pieds nus comme le veut la coutume, on est saisi par l'atmosphère particulière, étrange d'une religion inconnue.

◀ **Edirne, Selimiye Mosque (Turkey).** Edirne, the second largest town in European Turkey, lies in East Thrace, close to the Turko-Greek border. The Turkish sultans resided here from 1361 until the capture of Constantinople in 1453.
▼ **Istanbul, Suleimaniye Mosque (Turkey).** Entering the mosque barefoot, as is the custom, we find ourselves embraced by the arcane, spiritual atmosphere of an alien religion.

Rilakloster (Rila, Bulgarien). Das Volk der Bulgaren mußte, seitdem die Türken auf dem Balkan vordrangen, unentwegt hart um seine Freiheit und Selbstbehauptung ringen. Schwer zugänglich inmitten einsamer Bergwälder des rauhen Rilagebirges gelegen, hat sich das traditionsreiche bulgarische Nationalheiligtum Rilski Manastir, das Rilakloster, erhalten. Wehrhafte Türme und Mauern schützten es gegen Überfälle. Um den quadratischen, von mehrstöckigen Umgängen gesäumten Klosterhof gruppieren sich die Kuppelkirche und der befestigte Hreljo-Turm.

Le monastère de Rila (Rila, Bulgarie). Sous la domination turque, le peuple bulgare a toujours lutté âprement pour sa liberté et son identité. Situé au milieu des forêts reculées du massif sauvage du Rila, protégé par des tours et des murs fortifiés, le monastère de Rila, Rilski Manastir, est devenu le symbole de la conscience nationale. L'église à coupole et la tour Hreljo fortifiée encadrent la cour carrée du monastère bordée d'arcades à plusieurs étages.

Rila Monastery (Rila, Bulgaria). Ever since the Turks extended their empire into the Balkans the Bulgarian people have striven constantly for their freedom and independence. Situated in a remote position among the lonely forests of the inhospitable Rila Mountains, the Bulgarian national shrine, Rilski Manastir, a fortified monastery, has survived as a symbol of the Bulgarian spirit. The great courtyard is surrounded by multi-storeyed arcades, and dominated by the domed church and the fortified Hreljo Tower.

◀ **Melnik (Pirin Planina, Bulgarien).** Bulgarien ist noch stark von der Landwirtschaft bestimmt. So ist das fruchtbare Tal von Kasanlak für den Anbau edler Rosen berühmt, aus denen wohlriechendes Rosenöl gewonnen wird. Der Tabakanbau ist ebenso verbreitet. Das zwischen Felswänden geborgene Melnik mit seinen blitzsauberen Häusern bietet einen süßen, aromatischen Wein.
▶ **Nesebâr am Schwarzen Meer (Bulgarien).** Die bulgarische Schwarzmeerküste ist heute bekannt für unbegrenzte Badefreuden an ausgedehnten Stränden. Weniger von den Touristenströmen heimgesucht, versprechen die antiken Siedlungsorte wie das befestigte Nesebâr manche interessante Entdeckung.

◀ **Melnik (Pirin Planina, Bulgarie).** La Bulgarie est encore un pays à prédominance agricole. La vallée fertile de Kasanlak est célèbre pour la culture des roses dont on extrait une essence très parfumée. La culture du tabac est également répandue. Blottie entre des parois rocheuses, Melnik avec ses maisons bien nettes, offre un vin doux et aromatique.
▶ **Nesebâr sur la mer Noire (Bulgarie).** La côte bulgare de la mer Noire est réputée aujourd'hui pour ses immenses plages où l'on peut se livrer sans contrainte aux plaisirs de la baignade. Moins fréquentées par les touristes, les villes dont l'origine remonte aux colonies de l'Antiquité, comme Nesebâr, une ville fortifiée, promettent des découvertes intéressantes.

◀ **Melnik (Pirin Planina, Bulgaria).** Agriculture is still a decisive factor in the Bulgarian economy, and the fertile Valley of the Roses in the Kasanlŭk area is famous for its sweet-smelling attar. Tobacco is another important crop. Melnik, sheltered by a high escarpment, is known for its sweet, aromatic wine.
▶ **Nesebŭr on the Black Sea (Bulgaria).** The Bulgarian Black Sea coast is well-known for its extensive sandy beaches. But apart from such tourist attractions, it also has many sites of archaeological interest, such as the fortified city of Nesebŭr.

◀ **Koprivshtitsa (Sredna Gora, Bulgarien).** In jahrhundertelangem Ringen konnten die Bulgaren Sprache und Brauchtum, Volkskunst und Religion bewahren. Kräftige Formen und leuchtende Farben der Häuser mit steinernem Unterbau und vorkragendem Obergeschoß tragen zum wohnlichen Charakter im heißen Sommer wie im kalten Winter bei.
▶ **Seica Mica/Klein Schelka (Siebenbürgen, Rumänien).** Im bäuerlich geprägten Siebenbürgen hat die fleißige deutsche Minderheit steinerne Zeugen ihres Lebenswillens hinterlassen. Das Herz der Siedlung bildet die mächtige Wehrkirche, um die sich dicht die Häuser scharen.

◀ **Koprivshtitsa (Sredna Gora, Bulgarie).** Pendant leur lutte séculaire, les Bulgares ont réussi à garder leur langue et leurs traditions, leur art populaire et leur religion. Avec leurs formes trapues et leurs couleurs lumineuses, leur soubassement de pierre et un étage supérieur en encorbellement, leurs maisons sont tout aussi confortables en été qu'en hiver.
▶ **Seica Mica (Transylvanie, Roumanie).** En Transylvanie, une région à caractère rural, l'active minorité allemande a laissé des témoignages de sa volonté de vivre comme cette imposante église fortifiée, autour de laquelle se blottissent les maisons, et qui constitue le cœur de l'agglomération.

◀ **Koprivshtitsa (Sredna Gora, Bulgaria).** The Bulgarians succeeded in preserving their language and customs, folk art and religion through centuries of foreign rule. The striking forms and bright colours of their houses, with stone substructures and projecting upper floors, are well suited to the hot summers and cold winters of the region.
▶ **Seica Mica/Klein Schelka (Transylvania, Romania).** The German minority that settled in this rural region in the 12th and 13th centuries have left impressive monuments to their determination to survive – such as this great fortified church around which the little town's houses cluster for protection.

Harman/Königsberg, Wehrkirche (Siebenbürgen, Rumänien). Der mauerumgürtete große Platz um die Dorfkirche bot bei Türkengefahr und räuberischen Überfällen den Einwohnern sichere Zuflucht und die Möglichkeit zu gemeinsamer Verteidigung. Dicht an die Wehrmauer schmiegen sich die zweistöckigen Häuser mit den Ställen im Untergeschoß und der hölzernen Außentreppe an. Der Ziehbrunnen darf nicht fehlen, der Mensch und Vieh das lebensnotwendige Wasser gibt.

Harman/Königsberg, église fortifiée (Transylvanie, Roumanie). En cas de menace turque ou d'attaque de pillards, la grande place ceinturée de murs autour de l'église du village offrait aux habitants un refuge sûr et la possibilité d'une défense commune. Les maisons à deux étages avec les étables au rez-de-chaussée et l'escalier extérieur en bois se serrent contre le mur d'enceinte. Le puits à chaîne, qui fournissait l'eau pour les hommes et les animaux, est un élément indispensable.

Harman/Königsberg, Fortified Church (Transylvania, Romania). The large walled place round the village church provided the inhabitants with a refuge, and a chance to defend themselves against Turkish incursions and bandits. The two-storey houses, with accomodation for animals below and family above, and with their wooden outside staircases, huddle close to the surrounding curtain wall. A well to provide man and beast with water was an essential feature of such fortified villages.

◀ **Maldaresti bei Horezu, Wehrhaus (Walachei, Rumänien).** Das Bauen spiegelt das Wesen der Bewohner. Kommen wir heute aus unserer hochtechnisierten Welt, dann imponiert uns besonders die schlichte, kraftvolle Baukunst, wie sie uns häufig auf dem Balkan begegnet. Diese Menschen waren entschlossen, ihren Besitz zu behaupten. Selbstbewußt präsentiert sich das burgartige Wehrhaus in der Walachei.

▶ **Mostar (Bosnien und Herzegowina, Jugoslawien).** Mostar, die größte Stadt der Herzegowina, ist von der langen Türkenherrschaft geprägt. Hier bestimmen die pfeilspitzen Minarette und die Kuppeln der Moscheen und Bäder samt der geschwungenen Brücke über die Neretva das Bild.

◀ **Maldaresti près de Horezu, maison fortifiée (Valachie, Roumanie).** L'architecture reflète la nature de ses habitants. Habitués à un environnement envahi par la technique, nous sommes particulièrement impressionnés aujourd'hui par l'architecture sobre, vigoureuse que nous rencontrons souvent dans les Balkans. Ces hommes étaient bien décidés à défendre leur bien comme l'atteste cette maison fortifiée aux allures de forteresse qui se trouve en Valachie.

▶ **Mostar (Bosnie-Herzégovine, Yougoslavie).** Mostar, la plus grande ville de l'Herzégovine, fut longtemps sous la domination turque qui l'a marquée de son empreinte. Comme en témoignent les hampes des minarets, les coupoles des mosquées et des bains ainsi que le pont en forme de croissant sur la Neretva.

◀ **Maldaresti, near Horezu, Fortified House (Walachia, Romania).** Architecture reflects the character and circumstances of its builders. Twentieth-century eyes are particularly impressed by the simple yet forceful architecture of the kind often encountered in the Balkans. This castle-like house in Walachia expresses the determination of the people here to protect their property and living.

▶ **Mostar (Bosnia and Herzegovina, Yugoslavia).** The appearance of Mostar, the largest town in Herzegovina, was shaped by four centuries of Turkish rule. Dominant features of this market town are the slender minarets, the domes of the mosques and baths, and the elegant bridge over the Neretva.

◀ **Alte Mühlen bei Jajce (Bosnien und Herzegowina, Jugoslawien).** Zwischen den Dinarischen Alpen und dem Bosnischen Erzgebirge, zwischen Save und Drina treffen wir in abgelegenen Gegenden auf die Reste einer urwüchsigen Bauernkultur. Hölzerne Mühlen stehen zuhauf an brausenden Wildbächen.

▶ **Plitvitser Wasserfälle (Kroatien, Jugoslawien).** Faszinierend das unvermittelte Nebeneinander von ödem Karst und grünen Bergseen, die sich in rauschenden Wasserfällen Stufe um Stufe hinab ergießen.

◀ **Vieux moulins près de Jajce (Bosnie-Herzégovine, Yougoslavie).** Entre les Alpes dinariques et les monts métallifères bosniens, entre la Save et la Drina, on trouve, dans des régions reculées, les vestiges d'une ancienne culture paysanne. Ici des moulins en bois s'entassent au bord de torrents mugissants.

▶ **Les chutes de Plitvice (Croatie, Yougoslavie).** C'est un spectacle fascinant qu'offre le voisinage immédiat du Karst sauvage et des lacs verts de montagne qui se déversent les uns dans les autres par une série de cascades bruissantes en escalier.

◀ **Old Mills near Jajce (Bosnia and Herzegovina, Yugoslavia).** In the region between two mountain ranges (the Dinaric Alps and the Bosnian Erzgebirge), and two rivers (the Sava and Drina), we find remnants of an ancient peasant culture. Here, for example, a row of wooden mills along a mountain torrent.

▶ **Plitvits Waterfalls (Croatia, Yugoslavia).** The close proximity of barren mountains and a tier of green lakes, whose waters cascade from one to the other, creates a fascinating contrast.

▼ **Dubrovnik von der Stadtmauer aus (Kroatien, Jugoslawien).** An der Adriaküste erstreckt sich von der Hafenstadt Rijeka bis zur Bucht von Kotor eine Kette
abwechslungsreicher Inseln. Wohlhabende alte Handels-
städte haben die Gunst der Lage genutzt wie das befestigte
Dubrovnik. Die traditionelle Bauweise zeugt von der Nach-
barschaft Italiens.

▶ **Ohridsee, Uferfelsen bei Sveti Naum (Makedonien,
Jugoslawien).** Im Gegensatz zu den belebten Küstengebie-
ten wirkt die Landschaft am klippenreichen Ohridsee einsam und fast schwermütig. Hierher ins Landesinnere zogen
sich einst fromme Mönche zu stillem, andachtsvollem
Leben zurück.

▼ **Dubrovnik vu du mur d'enceinte (Croatie, Yougoslavie).** Un chapelet d'îles s'égrène le long de la côte adriatique entre le port de Rijeka et la baie de Kotor. Profitant de
leur situation favorable, les anciennes cités marchandes,
comme la ville fortifiée de Dubrovnik, devinrent prospères.
Le mode de construction traditionnel témoigne de la proximité de l'Italie.

▶ **Le lac d'Ohrid bordé de rochers près de Sveti Naum
(Macédoine, Yougoslavie).** Contrastant avec les régions
côtières animées, le paysage du lac d'Ohrid semé d'écueils
paraît solitaire et presque mélancolique. C'est ici, à l'intérieur du pays, que de pieux moines se sont autrefois retirés
pour mener une vie contemplative.

▼ **Dubrovnik, seen from the city wall (Croatia, Yugoslavia).** Because of its many islands, the Yugoslav Adriatic
Coast from the port of Rijeka to the Bay of Kotor is some-
times called the Coast of a Thousand Islands. Favourable
situations on this coast led to the growth of prosperous
trading towns such as the fortified city of Dubrovnik. The
traditional building style betrays the influence of nearby
Italy.

▶ **Lake Ohrid, cliffs near Sveti Naum (Macedonia, Yugoslavia).** In contrast to the lively coastal areas, the countryside along Lake Ohrid makes a lonely, almost melancholy
impression. In former times monks were attracted by its
remoteness, and there are many historic churches and
monasteries along the lake shores.

◀ **Abendstimmung bei Primošten an der dalmatinischen Küste (Kroatien, Jugoslawien).** Wenn es nach einem heißen Tag Abend wird über den Buchten der Adria, senkt sich eine tiefblaue Dämmerung über Meer und Land, über Kiefern und Karst. Das Dasein geht hier seinen geruhsamen Gang, und das »Nachtleben« ist einfach und anspruchslos.

▶ **Das Bergdorf Logpod Mangartom in den Julischen Alpen (Slowenien, Jugoslawien).** Schwer zugänglich ist das nördliche Jugoslawien im Schutz der Julischen Alpen und der Karawanken. Das Leben der Menschen in den Bergdörfern ist entbehrungsreich, und viele mußten ihr Glück fern der Heimat suchen. Die abgeschiedene Bergnatur blieb allerdings auch weitgehend von moderner Umweltzerstörung verschont.

◀ **Coucher de soleil près de Primošten sur la côte dalmate (Croatie, Yougoslavie).** Lorsqu'après une chaude journée, la nuit tombe sur les baies de l'Adriatique, la mer et la terre, les pins et le Karst sont plongés dans une obscurité d'un bleu foncé. Tout devient tranquille et la «vie nocturne» est simple et sans prétentions.

▶ **Logpod Mangartom, un village de montagne dans les Alpes juliennes (Slovénie, Yougoslavie).** Abritée par les Alpes juliennes et les massifs de Karawanken, la Yougoslavie septentrionale est difficile d'accès. Les habitants des villages de montagne mènent une vie frugale et nombreux sont ceux qui ont émigré. Dans ces régions reculées toutefois, la nature a en grande partie été épargnée par les destructions causées à l'environnement par notre monde moderne.

◀ **Sunset over Primošten, on the Dalmatian Coast (Croatia, Yugoslavia).** A typical deep-blue twilight brings a hot day to an end along the Adriatic Coast, darkening the still warm land and sea, the cedars and the rocks. Life runs at a slow pace here, and the 'nightlife' is simple and unpretentious.

▶ **The mountain village of Logpod Mangartom in the Julian Alps (Slovenia, Yugoslavia).** The northern part of Yugoslavia, enclosed by the Julian Alps and the Karawanken Mountains, is hard of access. The mountain-dwellers here live a frugal life, and many have emigrated. But its remote situation has at least one advantage: it has been largely spared the evils of industrial pollution.

Bauer beim Pflügen im Gebiet von Urbino (Marche, Italien)
In der Galleria Via Foscolo, Mailand (Italien)
Junge mit Wassermelonen (Sardinien, Italien)
Fischerboote auf dem Strand (Portugal)

Paysan en train de labourer dans la région d'Urbino (Marche, Italie)
Dans la Galleria Via Foscolo, Milan (Italie)
«Jeune garçon aux pastèques» (Sardaigne, Italie)
Bateaux de pêche sur la plage (Portugal)

Farmer ploughing near Urbino (the Marches, Italy)
In the Galleria Via Foscolo, Milan (Italy)
Boy with water melons (Sardinia, Italy)
Fishing boats on the beach (Portugal)

42

SÜDEUROPA
EUROPE DU SUD
SOUTHERN EUROPE

St. Magdalena im Vilnösstal vor den Geislerspitzen, Dolomiten (Südtirol, Italien). Die Dolomiten sind mit himmelhohen Bergen und Schroffen über saftig grünen Almen ein Wander- und Kletterparadies. Geislerspitzen und Peitlerkofel locken in St. Magdalena zu Bergtouren, die blockige Sellagruppe, die 3344 Meter hohe Marmolata, der majestätische Langkofel und der Schlern über der Seiser Alm sind nicht weit.

St. Magdalena dans la vallée de Vilnöss devant les Geislerspitzen, Dolomites (Tyrol du Sud, Italie). Avec leurs sommets élevés et leurs escarpements au-dessus d'alpages d'un vert gras, les Dolomites sont un paradis de la randonnée et de l'escalade. À St. Magdalena, les Geislerspitzen et le Peitlerkofel invitent à des excursions en montagne, le groupe de Sella trapu, la Marmolada haute de 3344 mètres, le majestueux Langkofel et le Schlern au-dessus de la Seiser Alm ne sont pas loin.

St. Magdalena in the Villnöss (Funes) Valley, with the Geisler Peaks, Dolomites (South Tyrol, Italy). With their peaks and crags soaring above lush mountain pastures, the Dolomites are a Mecca for ramblers and mountain climbers. St Magdalena gives access to the Geisler Peaks and Mt Peitlerkofel – and the Sella Group, the Marmolada (3,344 m), the majestic Mt Langkofel, and Mt Schlern above the Seiser Alm, are all not far away.

Venedig, der Canal Grande mit dem Palazzo Franchetti-Barbaro und der Kirche Santa Maria della Salute (Italien). Jahrhundertelang schöpfte die Serenissima, die »durchlauchte« Stadt zwischen Meer und Land, ihren Reichtum aus dem Handel mit dem Orient. Die größten Kostbarkeiten hortete sie in ihren Kirchen und Palästen. Doch aus den Warenströmen des Morgen- und Abendlandes sind längst Ströme von Touristen geworden, die sich zwischen Markusplatz und Rialtobrücke drängen und schieben. Abseits dieser Magnetpole sind jedoch auch heute noch stille Kanäle und Gäßchen zu finden, wo zwischen geschwungenen Brückchen und zerbröckelnden Fassaden die Venezianer noch ungestört ihr Leben führen.

Venise, le Canal Grande avec le Palazzo Franchetti-Barbaro et l'église Santa Maria della Salute (Italie). Pendant des siècles, la Serenissima puisa sa richesse dans le commerce avec l'Orient. La ville entre mer et terre entassa ses plus grands trésors dans ses églises et ses palais. Depuis longtemps toutefois, les flots de marchandises de l'Orient et de l'Occident ont cédé la place aux flots de touristes qui se pressent et se poussent entre la place St.-Marc et le pont du Rialto. Mais, à l'écart de ces pôles d'attraction, on trouve aujourd'hui encore des canaux et des ruelles tranquilles où, entre de petits ponts arqués et des façades qui s'effritent, les Vénitiens mènent une vie tranquille.

Venice, Canal Grande, with the Franchetti-Barbaro Palace and Santa Maria della Salute Church (Italy). For centuries the *Serenissima*, the city between land and sea, drew its riches from its trade with the Orient, preserving its greatest treasure in its churches and palaces. But the stream of goods from Orient and Occident has long since been replaced by streams of tourists from all over the world, pushing and squeezing their way along the 'main drag' between St Mark's Square and the Rialto Bridge. And yet on either side of this line there are still quiet canals and streets to be discovered where, between crumbling façades and graceful little bridges, the Venetians can live their own lives undisturbed.

47

▼ **Portofino (Ligurien, Italien).** Der operettenheitere Spielzeughafen von Portofino bei Genua ist ein Treffpunkt der Millionäre mit ihren Jachten. Kaum jemand weiß, daß man von hier aussichtsreiche Wanderungen übers Gebirge, etwa nach San Fruttuoso, unternehmen kann.

▶ **Sardinien, Golf von Porto Conte (Italien).** Auch Sardinien gilt als Tummelplatz der Reichen und Schönen, doch gibt es noch immer abgelegene, stille Buchten und Strände, und das Meer ist noch sauber. Die alten Genuesentürme hielten früher Wacht gegen Sarazenen und Seeräuber.

▼ **Portofino (Ligurie, Italie).** Le port miniature à l'atmosphère d'opérette de Portofino près de Gênes est le rendezvous des millionnaires avec leurs yachts. Mais presque personne ne semble savoir que l'on peut d'ici entreprendre de merveilleuses excursions dans la montagne, vers San Fruttuoso par exemple.

▶ **Sardaigne, le golfe de Porto Conte (Italie).** La Sardaigne passe également pour être le rendez-vous du jet set, mais elle garde des baies et des plages tranquilles et la mer y est encore propre. Les anciennes tours des Génois montaient autrefois la garde contre les Sarrasins et les pirates.

▼ **Portofino (Liguria, Italy).** The operetta-like toy harbour of Portofino near Genoa is known as a playground for yacht-owning millionaires, but few seem to realize that this is a good starting-point for splendid walks into the mountains (to San Fruttuoso, for example).

▶ **Sardinia, Gulf of Porto Conte (Italy).** Sardinia is also a stamping-ground for the rich and beautiful, but here, too, there are remote, quiet bays and beaches, and the sea is still clean. The old Genoese towers once stood guard against Saracens and pirates.

◀ **San Gimignano (Toskana, Italien).** Unerschöpflich wirkt der kulturelle und landschaftliche Reichtum der Toskana. Wie eine Vision vergangener Zeiten ragen über San Gimignano die steinernen Türme auf, die selbstbewußte Adelsgeschlechter einst zu ihrer Verteidigung errichteten.
▼ **Siena mit dem Dom und dem Palazzo Pubblico (Toskana, Italien).** Anmutig staffelt sich über drei zusammenlaufende Bergrücken die Stadt auf, berühmt für ihre Kultur und Gelehrsamkeit. Der hochgelegene Dom wie der turmbekrönte Palazzo Pubblico bergen Kunstschätze von einzigartigem Wert.

◀ **San Gimignano (Toscane, Italie).** La richesse culturelle et du paysage de la Toscane semble inépuisable. Les tours de pierre, qui dominent San Gimignano et qu'élevèrent autrefois des seigneurs nobles pour se défendre, sont comme une vision des temps passés.
▼ **Sienne avec la cathédrale et le Palazzo Pubblico (Toscane, Italie).** La ville, célèbre pour sa culture et son érudition, s'étage avec grâce sur trois collines réunies. Sur la hauteur, la cathédrale comme le Palais public coiffé d'une tour abritent des trésors d'une valeur inestimable.

◀ **San Gimignano (Tuscany, Italy).** The cultural and scenic variety of Tuscany seems inexhaustible. The stone towers, built by self-assured patrician families for their self-defence, rise above the town of San Gimignano like a vision of the past.
▼ **Siena, with its cathedral and Palazzo Pubblico (Tuscany, Italy).** The town, famed for its cultural and scholastic achievements, is in a beautiful setting on three converging hills. The great cathedral and the Palazzo Pubblico, with its graceful tower, contain a collection of art treasures of incalculable value.

▼ **Pisa, der Glockenturm neben dem Dom (Toskana, Italien).** Kaum ein zweites Bauwerk in Italien ist so bekannt wie der Schiefe Turm von Pisa. Schon während der Bauzeit vor achthundert Jahren begann er sich zu neigen, da der Baugrund nicht fest genug ist. Die Pläne zur Sicherung des Turmes sind Legion.

▶ **Rom, der Petersplatz (Italien).** Die Peterskirche über dem Grab des Apostels Petrus bildet das Zentrum der römisch-katholischen Christenheit. Die jetzt im Morgenlicht liegende Piazza di San Pietro ist dicht gedrängt voll von Gläubigen aus allen Ländern, wenn der Papst von der Empore der Domfassade aus den Segen Urbi et Orbi – über die Stadt und den Erdkreis – erteilt.

▼ **Pise, la tour à côté de la cathédrale (Toscane, Italie).** Il n'y a guère en Italie un autre édifice aussi connu que la tour penchée de Pise. Dès sa construction, il y a huit cents ans, elle a commencé à s'incliner car le terrain sur lequel on l'a élevée n'est pas assez stable. Les projets destinés à la consolider sont légion.

▶ **Rome, la place Saint-Pierre (Italie).** Bâtie sur le tombeau de saint Pierre, la basilique Saint-Pierre est le centre de la religion catholique romaine. La Piazza di San Pietro, pho-tographiée ici à l'aube, est pleine de fidèles venus du monde entier lorsque du balcon de la basilique, le pape donne sa bénédiction urbi et orbi – à la ville et à l'univers.

▼ **Pisa, the campanile next to the cathedral (Tuscany, Italy).** The Leaning Tower of Pisa is perhaps Italy's best-known building. It began to move out of the perpendicular when building eight-hundred years ago as the ground is not firm enough. There have been many plans to prevent it from falling.

▶ **Rome, St Peter's Square (Italy).** St Peter's, built above the tomb of the Apostle St Peter, is the centre of Roman Catholic Christendom. The Piazza di San Pietro, here seen bathed in morning light, is packed full of believers from all over the world when the Pope comes out onto the balcony of St Peter's on certain occasions to impart his blessing 'Urbi et Orbi' to the city and the world.

◀ **Rom, Piazza del Campodoglio, Forum Romanum und Kolosseum (Italien).** In Rom, der Ewigen Stadt, ist Geschichte lebendige Gegenwart. Vom Kapitolsplatz (links) blicken wir über das antike Forum, wo Cäsar und Augustus Triumphe feierten. Wenig blieb vom Vestatempel erhalten, in dem Priesterinnen das ewige Feuer hüteten. Die monumentalen Bogen der Maxentiusbasilika künden von kaiserlicher Größe, der Titusbogen am Ende der Heiligen Straße gemahnt an die römische Eroberung Jerusalems. Im Kolosseum, dem größten Amphitheater des Römischen Reiches, unterhielt man die Volksmassen mit Gladiatorenkämpfen und Tierhetzen.

▶ **Rom, Engelsburg und Engelsbrücke (Italien).** Dieser Monumentalbau am Tiberufer verbindet unmittelbar römische Kaiserzeit und Papsttum. Als Mausoleum für Kaiser Hadrian und seine Nachfolger erbaut, diente er seit dem Mittelalter als päpstliche Festung, wurde aber auch zweimal erobert, 1379 durch die Römer während des Kirchenschismas und 1870 durch die Piemontesen im Zuge der Einigung Italiens.

◀ **Rome, Piazza del Campodoglio, Forum Romanum et Colosseum (Italie).** À Rome, la Ville éternelle, l'histoire est omniprésente. De la place du Capitole (à gauche), nous contemplons le Forum antique où César et Auguste fêtaient leurs victoires. Il n'est pas resté grand-chose du temple des Vestales où les prêtresses entretenaient le feu sacré. Les arcades colossales de la basilique de Maxence attestent de la grandeur impériale, l'arc de Titus à la fin de la Via sacra rappelle la conquête de Jérusalem par les Romains. Au Colisée, le plus grand amphithéâtre de l'Empire romain, on distrayait les masses par des combats de gladiateurs et des jeux de cirque.

▶ **Rome, le château Saint-Ange et le pont Saint-Ange (Italie).** Cette construction monumentale sur les bords du Tibre associe directement l'époque impériale romaine et la papauté. Construit comme mausolée pour l'empereur Hadrien et ses successeurs, elle servit à partir du Moyen Age comme forteresse pontificale mais fut conquise à deux reprises, en 1379 par les Romains pendant le schisme de l'Église et en 1870 par les Piémontais dans la foulée de l'unification de l'Italie.

◀ **Rome, Piazza del Campodoglio, Forum Romanum, and Colosseum (Italy).** History is omnipresent in Rome, the Eternal City. From Capitol Square (left) we look across the Roman Forum, where Caesar and Augustus made triumphal appearances. Little remains of Vesta's Temple, where priestesses tended the sacred fire. The monumental arches of the Maxentius Basilica reflect imperial grandeur; the Triumphal Arch of Titus at the end of the Sacred Way recalls the Roman conquest of Jerusalem. In the Colosseum, the largest amphitheatre in the Roman Empire, the masses were entertained by gladiators and baited animals.

▶ **Rome, Castel Sant' Angelo and Angelo Bridge (Italy).** This monumental building on the bank of the Tiber represents a direct connection between imperial Rome and the popedom. Built as a mausoleum for Emperor Hadrian and his successors, it has served as a papal fortress since the Middle Ages – but it has twice been taken by force: in 1379 by the Romans during the great schism, and in 1870 by the

Trulli bei Cisternino (Apulien, Italien). Je weiter man auf dem italienischen Stiefel vordringt nach Süden, desto fremdartiger werden die Sinneseindrücke für den Nordländer. Hier in Apulien, dem uralten Hirten- und Bauernland, hat sich die traditionelle Bauweise der Trulli erhalten, bis zu den kegelförmigen Dächern aus aufgeschichteten Steinplatten errichtete weißgekalkte Wohnhäuser. Im Innern bieten sie auch dann noch angenehme Temperaturen, wenn draußen das Land von der Sommerhitze versengt wird. Zur Zeit der Baumblüte im zeitigen Frühjahr zeigt sich die Landschaft von ihrer schönsten Seite.

Trulli près de Cisternino (Pouilles, Italie). Plus on se dirige vers le sud de la botte italienne et plus le dépaysement est grand pour les gens du Nord. Ici, dans les Pouilles, une vieille région de bergers et de paysans appelée autrefois Apulie, l'architecture traditionnelle des trulli a été conservée pour les maisons d'habitation aux murs chaulés. Ce sont des constructions faites de pierres empilées qui se terminent par des toits coniques. L'intérieur des trulli reste frais même quand il fait très chaud dehors en été. C'est au début du printemps, quand les arbres sont en fleurs, que la contrée se présente sous son plus beau jour.

Trulli near Cisternino (Apulia, Italy). The further a Northerner travels southwards in Italy – the nearer he gets to the 'heel' – the more exotic are the impressions he gains. Here in Apulia, the ancient pastoral and peasant region, the traditional form of house-building has survived: trulli, as we can see here, are whitewashed houses with conical roofs built of stones placed one on top of the other. The interior of a trullo remains cool even when the fiercest summer sun is burning outside. The countryside here looks its best when the fruit trees are in bloom in early spring.

◀ **Der Tempel von Segesta (Sizilien, Italien).** In der heute einsamen, von Melancholie geprägten Landschaft im Nordwesten Siziliens kündet die Ruine des Tempels von Segesta von den einst auf dieser größten Mittelmeerinsel blühenden griechischen Kolonien. Um diese reiche Kornkammer stritten im Verlauf von dreitausend Jahren Völker und Herrscher aus allen Richtungen der Windrose, hinterließen in den Städten die Spuren ihrer Kulturen, beraubten das Land aber auch seiner natürlichen Schätze.

▶ **Blick von Centúripe zum Ätna (Sizilien, Italien).** Ewiger Schnee und feurige Lava: Mit seinen 3340 Metern ist der Ätna im Osten der Insel der höchste tätige Vulkan Europas. Immer wieder wird er mit seinen Glutmassen den Siedlungen an seinen Hängen zum Verderben, doch immer wieder auch lockt seine fruchtbare Lava die Bauern zur Rückkehr.

◀ **Le temple de Ségeste (Sicile, Italie).** Dans la contrée aujourd'hui solitaire, empreinte de mélancolie du nordouest de la Sicile, les ruines du temple de Ségeste attestent qu'il existait autrefois sur la plus grande des îles de la Méditerranée des colonies grecques florissantes. Pendant trois millénaires, des peuples et des souverains venus de tous les points cardinaux se sont disputés ce riche grenier à blé, ils ont laissé dans les villes les traces de leurs civilisations mais ont aussi dépouillé le pays de ses richesses naturelles.

▶ **Vue de Centúripe vers l'Etna (Sicile, Italie).** Neige éternelle et lave incandescente: avec ses 3340 mètres d'altitude, l'Etna, dans l'est de l'île, est le plus haut volcan d'Europe en activité. Même si ses éruptions ont détruit à plusieurs reprises les agglomérations établies sur ses versants, sa lave fertile a toujours incité les paysans à revenir.

◀ **The Temple at Segesta (Sicily, Italy).** In the now melancholy landscape of north-west Sicily the ruins of the Temple of Segesta remind the visitor that this island, the largest in the Mediterranean, was once the site of flourishing Greek colonies. In the course of three thousand years of history, this once rich farming country has been invaded and ruled by a succession of foreign peoples and conquerors, all of whom left traces of their cultures in the cities, but also robbed the country of its natural wealth.

▶ **View of Etna from Centuripe (Sicily, Italy).** Eternal snow, and blazing lava: with its 3,340 metres, Etna, in the east of Sicily, is Europe's highest active volcano. Its eruptions have destroyed the human settlements on its slopes on many occasions, but the farmers always return again to exploit the lava-enriched soil.

Sonnenaufgang über der St. Paul's Bay (Malta). Kaum ein Flecken auf der europäischen Landkarte hat so viele verschiedene Herrschaften über sich ergehen lassen müssen wie die Maltesischen Inseln im Zentrum des Mittelmeeres: Phöniker, Karthager, Römer, Byzantiner, Vandalen, Ostgoten, wieder Byzantiner, Araber, Normannen, Staufer, Anjou, Aragon, Johanniter, Franzosen, Briten. Doch der heutige Besucher der Inselrepublik ist ein gerngesehener Gast, der an einer der vielen Buchten seinen eigenen Alltag vergessen oder auch den Spuren der Geschichte nachgehen kann.

Lever de soleil au-dessus de la baie de St.-Paul (Malte). Il n'y a guère un endroit sur la carte géographique de l'Europe qui ait subi des dominations aussi diverses que les îles maltaises au centre de la Méditerranée: Phéniciens, Carthaginois, Romains, Byzantins, Vandales, Ostrogoths furent tour à tour les maîtres de l'île qui repassa ensuite aux mains des Byzantins puis des Arabes, des Normands, des Hohenstaufen, de la maison d'Anjou, du royaume d'Aragon, des chevaliers de Saint-Jean, des Français et des Britanniques. Mais, aujourd'hui, le visiteur de la République insulaire est bien accueilli et il peut, dans l'une des nombreuses baies, oublier ses soucis quotidiens ou suivre les traces de l'histoire.

Sunrise over St Paul's Bay (Malta). Hardly any other part of Europe has been held by so many different peoples as these islands in the centre of the Mediterranean: Phoenicians, Carthaginians, Romans, Byzantines, Vandals, Ostrogoths, Byzantines again, Arabs, Normans, Hohenstaufens, Angevins, Aragonese, Knights of St John, French, British. But the modern visitor to the island republic is a welcome guest, who will find it easy to forget his everyday cares while exploring some of the many bays or historical sites

Carabiniere in historischer Uniform (Cagliari, Sardinien, Italien)
Bei der Korkernte im Alentejo (Portugal)
Kellermeister bei der Probe im Weinkeller (Portugal)
Zigeunerinnen beim Schwatz in Granada (Andalusien, Spanien)
Prozession in der Semana Santa, der Karwoche, in Sevilla (Andalusien, Spanien)
Feria de Avril in Sevilla (Andalusien, Spanien)

Carabiniers en uniforme historique (Cagliari, Sardaigne, Italie)
La récolte du liège en Alentejo (Portugal)
Maître de chai en train de goûter le vin dans une cave (Portugal)
Gitanes faisant la causette à Grenade (Andalousie, Espagne)
Procession de la semaine sainte à Séville (Andalousie, Espagne)
Feria de Avril à Séville (Andalousie, Espagne)

Carabiniere in historical uniform (Cagliari, Sardinia, Italy)
Cork harvest in Alentejo (Portugal)
Cellarer sampling wine (Portugal)
Gypsies chatting in Granada (Andalusia, Spain)
Procession during Semana Santa, Holy Week, in Seville (Andalusia, Spain)
Feria de Avril in Seville (Andalusia, Spain)

▼ **Ponta da Piedade an der Algarveküste bei Lagos (Portugal).** Wo der Atlantische Ozean sich mit aller Gewalt an den Felsen austobt, sind die Küsten dramatischer gestaltet als am Mittelmeer. Die Araber nannten die südwestlichste Landschaft der Iberischen Halbinsel »al garve«, den Westen. Lange führte diese abgelegene Region mit ihren bizarren Klippen und verwinkelten Buchten ein Dornröschendasein als Heimat der Fischer.

▶ **Landschaft im Alentejo (Portugal).** Einsam und fast menschenleer ist die Hirtenlandschaft jenseits des Tejo. Vom Meer her streicht der Wind unablässig über die mit Korkeichen bestandenen Hügel.

▼ **Ponta da Piedade sur la côte algarve près de Lagos (Portugal).** Là où l'océan Atlantique se jette de toutes ses forces contre les rochers, les côtes ont un relief plus déchiqueté qu'en Méditerranée. Les Arabes appelaient la région sud-ouest de la péninsule ibérique «al garve», le pays du couchant. Pendant longtemps cette région reculée, avec ses curieux écueils et ses baies tortueuses, n'a été connue que des pêcheurs qui l'habitaient.

▶ **Paysage d'Alentejo (Portugal).** Cette contrée pastorale au-delà du Tage est solitaire et presque inhabitée. Le vent, qui vient de la mer, souffle inlassablement sur les collines plantées de chênes-lièges.

▼ **Ponta da Piedade on the Algarve Coast near Lagos (Portugal).** Where the Atlantic can unleash its full force on the coastline the formations are more dramatic than along the Mediterranean. The Moors called the south-west part of the Iberian Peninsular "al garve" – the west. For a long time this remote region with its bizarre cliffs and heavily indented bays was known only to the fishermen that lived here.

▶ **The countryside of Alentejo (Portugal).** The pastoral landscape on the other side of the River Tejo is lonely and almost uninhabited. The sea winds blow ceaselessly across the hills dotted with cork-oaks.

◀ **Sintra, der Nationalpalast (Portugal).** Die Berge westlich der Hauptstadt Lissabon verheißen im Sommer einen angenehmen Aufenthalt, den schon die portugiesischen Könige zu schätzen wußten. Außer dem alten Stadtschloß in Sintra ließen sie sich im vorigen Jahrhundert noch eine Sommerresidenz errichten.
▶ **Lissabon, der Turm von Belém (Portugal).** Vorbei an diesem Turm am breiten Mündungstrichter des Tejo zogen einst die Segelschiffe hinaus auf die Weltmeere. Nach Monaten kehrten sie heim mit der Kunde von neuentdeckten Ländern und Inseln in der Neuen Welt und im Fernen Osten, beladen mit Schätzen an Gold, Silber und Gewürzen.

◀ **Sintra, le palais national (Portugal).** Les montagnes situées à l'ouest de Lisbonne, la capitale, sont en été un lieu de séjour agréable qu'appréciaient déjà les rois portugais. En plus du vieux château à Sintra, ils se firent encore ériger, au siècle dernier, une résidence d'été.
▶ **Lisbonne, la tour de Belém (Portugal).** Les voiliers passaient autrefois devant cette tour, postée sur l'estuaire du Tage, pour aller voguer sur les océans et revenir, des mois après, chargés d'or, d'argent et de précieuses épices qu'ils ramenaient de pays et d'îles découverts dans le Nouveau Monde et en Extrême-Orient.

◀ **Sintra, National Palace (Portugal).** The mountains to the west of the capital, Lisbon, provide a pleasant place to stay in the summer – a point not missed by the Portuguese kings who, although they already had a town palace in Sintra, also had a summer residence erected there in the last century.
▶ **Lisbon, Torre de Belém (Portugal).** When sailing ships were setting out to all parts of the world they passed this celebrated landmark on the wide estuary of the River Tejo. Months later they returned home from newly-discovered territories and islands in the New World and the Far East, laden with treasure in the form of gold, silver, and spices.

▼ **Weinberge in der Sierra Nevada bei Canjáyar (Andalusien, Spanien).** Die durch den Wall der Pyrenäen von Europa gleichsam abgeschlossene iberische Welt erreicht in Andalusien einen ihrer landschaftlichen Höhepunkte. An den sonnenverbrannten Hügeln staffeln sich die Weinberge hoch, in denen feurige Tropfen reifen.
▶ **La Calahorra in der Sierra Nevada (Andalusien, Spanien).** Bis in den Sommer schneebedeckt, erreichen die Gipfel der Sierra Nevada im Mulhacén mit 3481 Metern ihre größte Höhe. Die fruchtbaren Gebirgstäler mußten durch Burgen gegen feindliche Überfälle geschützt werden.

▼ **Vignobles dans la Sierra Nevada près de Canjáyar (Andalousie, Espagne).** C'est en Andalousie que l'on trouve certains des paysages les plus spectaculaires du monde ibérique, isolé pour ainsi dire de l'Europe par le rempart des Pyrénées. Les vignes, qui produisent un vin capiteux, s'étagent sur les versants brûlés par le soleil.
▶ **La Calahorra dans la Sierra Nevada (Andalousie, Espagne).** Couverts de neige jusqu'en été, les sommets de la Sierra Nevada culminent à Mulhacén (3481 m). Des châteaux forts devaient autrefois protéger les vallées fertiles des attaques ennemies.

▼ **Vineyards in the Sierra Nevada near Canjáyar (Andalusia, Spain).** Some of the finest scenery in the Iberian Peninsula – which is virtually cut off from the rest of Europe by the Pyrenees – is to be found in Andalusia. The sun-drenched slopes accomodate tier upon tier of vineyards which provide a fine, fiery wine.
▶ **La Calahorra in the Sierra Nevada (Andalusia, Spain).** The Sierra Nevada peaks, many of which are snow-capped throughout the year, reach their highest eminence in Mt Mulhacén (3,481 m). Formidable castles were built to protect and dominate the fertile valleys.

◀ **Granada, der Löwenhof der Alhambra (Andalusien, Spanien).** Die von den Mauren über der Stadt erbaute Palastburg, »die Rote«, spiegelt in ihrem Innern märchenhafte orientalische Pracht. Ihr Zentrum bildet der von zierlichen Säulengängen umgebene Löwenhof. Zwölf Löwen aus schwarzem Marmor tragen die alabasterne Brunnenschale in seiner Mitte.

▶ **Segovia mit dem römischen Aquädukt (Altkastilien, Spanien).** Die alte Residenz der Könige von Kastilien liegt am Nordhang der Sierra da Guadarrama mitten in Spanien. Die Römer sicherten die Wasserversorgung für ihr großes Militärlager durch den steinernen Aquädukt mit seinen 170 Bögen. Weitere Wahrzeichen der Stadt sind die spätgotische Kathedrale und der befestigte Alkazar.

◀ **Grenade, la cour des Lions de l'Alhambra (Andalousie, Espagne).** L'intérieur de l'Alhambra, «la rouge», le palais et forteresse érigé par les Maures au-dessus de la ville, est d'un faste oriental digne des mille et une nuits. Son centre est constitué par la cour des Lions entourée d'une galerie soutenue par des colonnes élancées. Au milieu se trouve une fontaine au bassin d'albâtre porté par douze lions en marbre noir.

▶ **Ségovie avec l'aqueduc romain (Vieille-Castille, Espagne).** L'ancienne résidence des rois de Castille se trouve sur le versant nord de la sierra da Guadarrama au cœur de l'Espagne. Les Romains avaient assuré l'approvisionnement en eau de leur grand camp militaire par un aqueduc de pierre à 170 arches. La cathédrale gothique et l'alcazar sont d'autres symboles de cette ville riche en monuments anciens.

◀ **Granada, the Court of Lions in the Alhambra (Andalusia, Spain).** This fortified palace, "The Red (Castle)", built by the Moors above the city, is the embodiment of Oriental splendour. It centres around the colonnaded Court of Lions, named after the twelve lions of black marble that support the alabaster bowl of the central fountain.

▶ **Segovia, with its Roman Aqueduct (Old Castile, Spain).** The old residence of the kings of Castile lies on the north slope of the Sierra da Guadarrama, in the middle of Spain. The stone aqueduct, with its 170 arches, was built by the Romans to supply their large military camp with water. Other landmarks in the city are the late-Gothic cathedral and the fortified alcazar.

◀ **Toledo am Tajo (Neukastilien, Spanien).** Zu den ehrwürdigsten Städten Spaniens zählt das vom Tajo umschlungene Toledo. Mehrfach wurde die alte Königsstadt im Laufe der Geschichte heiß umkämpft, zerstört und wieder aufgebaut. Die zum Himmel weisende Kathedrale und der blockhaft lastende Alkazar ziehen die Blicke auf sich.
▼ **Der Escorial bei Madrid (Neukastilien, Spanien).** Einem gewaltigen Monument gleicht die Klosterresidenz San Lorenzo von Escorial, die Philipp II. von Spanien ab 1559 in der Einsamkeit der Sierra da Guadarrama als königliche Grablege errichten ließ.

◀ **Tolède (Nouvelle-Castille, Espagne).** Enlacée par le Tage, Tolède compte parmi les villes les plus vénérables d'Espagne. Au cours de l'histoire, l'ancienne résidence royale fut à plusieurs reprises assiégée, détruite et reconstruite. La cathédrale, qui dresse sa flèche vers le ciel, et l'imposant alcazar attirent le regard.
▼ **L'Escurial près de Madrid (Nouvelle-Castille, Espagne).** C'est à un énorme monument que ressemble le palais et monastère érigé par Philippe II d'Espagne comme sépulture royale à partir de 1559 près de San Lorenzo del Escorial dans la solitude de la sierra da Guadarrama.

◀ **Toledo on the River Tajo (New Castile, Spain).** Toledo, embraced by the Tajo, is one of Spain's most venerable cities. The old royal city was fought over, destroyed, and rebuilt a number of times in the course of history. The most prominent features of this city, rich in history and art treasures, are the magnificent cathedral and the great alcazar.
▼ **The Escorial, near Madrid (New Castile, Spain).** This monumental structure was built by Philip II of Spain from 1559 in the loneliness of the Sierra da Guadarrama to serve as monastery, palace, and mausoleum.

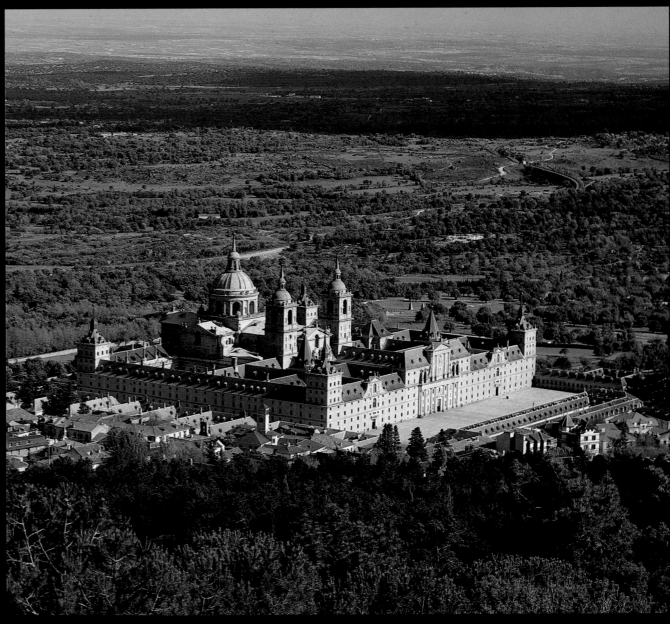

Zaragoza, Abend am Rio Ebro (Aragonien, Spanien). Das
goldene Licht der Abendsonne umhüllt die filigranen
Türme der alten Bischofs-, Königs- und Universitätsstadt.
Ihre beiden Hauptkirchen spiegeln sich im Wasser des
Ebro. La Seo, die gotische Kathedrale, wurde von 1119 bis
1520 an der Stelle der maurischen Moschee errichtet. Die
benachbarte Barockkirche Nuestra Señora del Pilar ist das
Ziel zahlreicher Pilger. Alljährlich im Oktober wird hier die
»Fiesta de la Raza« zur Erinnerung an die Entdeckung
Amerikas gefeiert.

Saragosse, le soir sur le Rio Ebro (Aragon, Espagne). La
lumière dorée du soleil couchant caresse les tours filigra-
nées de cette ancienne ville épiscopale, royale et universi-
taire. Ses deux cathédrales se reflètent dans les eaux de
l'Èbre. La Seo, la cathédrale San Salvador, a été construite
de 1119 à 1520 à l'emplacement d'une mosquée maures-
que. L'église baroque voisine, la Nuestra Señora del Pilar,
attire de nombreux pèlerins. Chaque année, au mois
d'octobre, on célèbre la «Fiesta de la Raza» en souvenir de
la découverte de l'Amérique.

**Zaragoza/Saragossa, sunset over the Rio Ebro (Aragon,
Spain).** The golden light of evening silhouettes the filigree
towers of the old cathedral and university town, and royal
residence. Its two main churches are reflected in the waters
of the Ebro. La Seo, the Gothic cathedral, was built from
1119 to 1520 on the site of a Moorish mosque. The neighbouring Baroque church Nuestra Señora del Pilar is the
goal of many pilgrims. The 'Fiesta de la Raza' takes place
here every October in celebration of the discovery of
America.

◀ **Der Montserrat bei Barcelona (Katalonien, Spanien).** Über dem Tal des in den Ostpyrenäen entspringenden Llobregat erhebt sich das eigenartig zerklüftete Felsmassiv des Montserrat, berühmt durch die Benediktinerabtei und die Schwarze Madonna. Zu diesem Gnadenbild der Schutzpatronin Kataloniens pilgern Jahr für Jahr 700 000 Menschen.

▼ **Palma de Mallorca (Mallorca, Spanien).** Das heitere Mallorca ist nicht von ungefähr eine der als Urlaubsziel beliebtesten Inseln des Mittelmeeres. Großzügig erstreckt sich die Hauptstadt Palma, bekrönt von der stattlichen gotischen Kathedrale, an einer weiten Meeresbucht.

◀ **Montserrat près de Barcelone (Catalogne, Espagne).** Au-dessus de la vallée du Llobregat, qui prend sa source dans les Pyrénées orientales, se dresse le massif rocheux curieusement déchiqueté du Montserrat, célèbre par son abbaye bénédictine et la Vierge noire de la chapelle conventuelle. 700 000 personnes se rendent chaque année en pèlerinage pour voir l'image miraculeuse de la sainte patronne de la Catalogne.

▼ **Palma de Majorque (Majorque, Espagne).** Ce n'est pas par hasard que la riante île de Majorque est devenue un des endroits de vacances les plus populaires de la Méditerranée. Palma, sa capitale, que couronne une imposante cathédrale gothique, s'étale généreusement dans une large baie.

◀ **Montserrat, near Barcelona (Catalonia, Spain).** The strange pinnacles of Monserrat soar high above the valley of the Llobregat, which rises in the eastern Pyrenees. The mountain is famous mainly for its Benedictine monastery, whose church contains a Black Madonna said to have been carved by St Luke. Every year this figure of Catalonia's patron saint attracts some 700,000 pilgrims.

▼ **Palma de Mallorca (Mallorca, Spain).** Mallorca has a lot to offer, so it is not surprising that it has become one of the most popular islands in the Mediterranean with holidaymakers. The island's capital, Palma, beautifully situated in a wide bay, is dominated by its great Gothic cathedral.

Musikalisches Intermezzo in Paris (Frankreich)
Im Pariser Feinschmeckerlokal Maxim's (Frankreich)
Weinbauer im Entre Deux Mers bei Bordeaux (Frankreich)
Kinder in holländischer Tracht (Niederlande)
Boulespieler in der Provence (Frankreich)

Intermezzo musical à Paris (France)
Chez Maxim's, le restaurant des gourmets (France)
Vigneron de l'Entre-Deux-Mers près de Bordeaux
(France)
Enfants en costume hollandais (Pays-Bas)
Joueurs de pétanque en Provence (France)

Musical intermezzo in Paris (France)
In Maxim's, the famous Parisian restaurant (France)
Wine-grower in Entre-Deux-Mers, near Bordeaux (France)
Children in Dutch national costume (The Netherlands)
Boule players in the Provence (France)

WESTEUROPA
EUROPE DE L'OUEST
WESTERN EUROPE

Korsika, Les Calanche am Golf von Porto (Frankreich).
Allen Naturfreunden bietet diese große Mittelmeerinsel
unvergeßliche Eindrücke. An der Westküste zwischen
Piano und Porto ragen die bizarren Granitzinnen der
Calanche 400 Meter hoch unmittelbar über den blauen Fluten auf. Am eindrucksvollsten zeigen sich die roten
Gesteinsformationen kurz vor Sonnenuntergang. Die
schönsten Badestrände der Insel findet man an der Ost-
küste. Das Innere lockt mit seinem bis zu 2700 Meter auf-
steigenden Gebirge zu einsamen Wanderungen und herr-
lichen Kletterpartien.

Corse, les Calanche dans le golfe de Porto (France). Cette
grande île méditerranéenne offre aux amoureux de la
nature des impressions inoubliables. Sur la côte ouest,
entre Piana et Porto, les curieuses aiguilles de granit des
Calanche, qui se dressent à 400 mètres de hauteur, tom-
bent directement dans les eaux bleues de la Méditerranée.
C'est peu avant le coucher du soleil que les formations de
pierre pourpre sont les plus impressionnantes. Les plus
belles plages de l'île se trouvent sur la côte est. L'intérieur
de l'île, avec ses montagnes qui grimpent jusqu'à 2700
mètres, invite à des randonnées solitaires et de merveilleuses parties d'escalade.

Corsica, Les Calanche, on the Gulf of Porto (France).
This large Mediterranean island offers unforgettable impressions for the nature-lover. On the west coast, between
Piano and Porto, the bizarre granite crags of Les Calanche
rise 400 metres straight from the blue surface of the sea.
They are at their most impressive just before sundown. The
finest bathing beaches are on the east coast, while the
interior, with mountains soaring to 2,700 metres, is ideal
rambling and climbing country.

▼ **St-Pierre d'Extravache bei Modane gegen La Dent Parrachée (Dep. Savoie, Frankreich).** Beim Wandern in den Savoyer Alpen, die mit dem 4807 Meter hohen Montblanc den höchsten Berg Europas stellen, stoßen wir überraschend auf verlassene Bergorte mit den steinernen Zeugen vergangener Geschlechter.
▶ **Am Col du Pourtalet in den Pyrenäen (Dep. Pyrénées-Atlantiques, Frankreich).** Über 430 Kilometer ziehen sich die Pyrenäen als Grenzwall zwischen Frankreich und Spanien vom Atlantik bis zum Mittelmeer. Der Col du Pourtalet mit fast 1800 Meter Höhe ist einer der kleineren Übergänge. Im Frühling überziehen wilde Narzissen und Anemonen die Almflächen.

▼ **St-Pierre d'Extravache près de Modane face à la Dent Parrachée (Savoie, France).** Au hasard de randonnées dans les Alpes de Savoie qui, avec le mont Blanc (4807 m), offrent la plus haute montagne d'Europe, nous découvrons des localités abandonnées avec les témoins de pierre de générations passées.
▶ **Au col du Pourtalet dans les Pyrénées (Pyrénées-Atlantiques, France).** Sur 430 kilomètres, le rempart des Pyrénées sépare la France de l'Espagne de l'Atlantique à la Méditerranée. Avec près de 1800 mètres d'altitude, le col du Pourtalet est un des plus petits passages. Au printemps, des narcisses et des anémones sauvages recouvrent les alpages.

▼ **St-Pierre d'Extravache, near Modane, with La Dent Parrachée in the background (Dep. Savoie, France).** When exploring the Savoy Alps, the visitor occasionally comes across deserted villages whose inhabitants have drifted to the towns in search of an easier way of earning a living. The Savoy Alps include Europe's highest mountain: Mont Blanc (4,807 m).
▶ **On Col du Pourtalet in the Pyrenees (Dep. Pyrénées-Atlantiques, France).** The Pyrenees extend for a distance of about 275 miles, all the way from the Atlantic to the Mediterranean, forming a natural border between France and Spain. Col du Pourtalet, almost 1,800 metres high, is one of the minor passes. In spring the upland meadows are dotted with wild daffodils and anemones.

▼ **Paris, Maler auf der Place du Tertre des Montmartre (Frankreich)**
▶ **Paris, Notre-Dame (Frankreich).** Die beherrschend auf dem Montmartre gelegenen Marmorkuppeln von Sacré-Cœur und die gotische Kathedrale Notre-Dame mit ihren beiden charakteristischen Turmstümpfen auf der Seine-umflossenen Île de la Cité konkurrieren um die Gunst der Touristen. In dem Komplex des Justizpalastes (großes Bild, links) verbirgt sich das Kleinod der Sainte-Chapelle.

▼ **Paris, peintres sur la place du Tertre à Montmartre (France)**
▶ **Paris, Notre-Dame (France).** Le dôme de marbre blanc du Sacré-Cœur qui domine Montmartre et la cathédrale gothique Notre-Dame avec ses deux tours quadrangulaires caractéristiques sur l'île de la Cité au milieu de la Seine se disputent les faveurs des touristes. Le bâtiment du Palais de Justice (grande photo, à gauche) abrite le joyau d'architecture qu'est la Sainte-Chapelle.

▼ **Paris, artists on the Place du Tertre on Montmartre (France)**
▶ **Paris, Notre-Dame (France).** The marble domes of Sacré-Cœur, and the Gothic cathedral of Notre-Dame, with its characteristic square towers, on the Île de la Cité are rival tourist attractions. Within the Palais de Justice (large picture, left) is the Sainte-Chapelle, a gem of Gothic architecture.

◀ **Paris, Champs-Élysées mit dem Arc de Triomphe de l'Étoile (Frankreich)**
▶ **Paris, der Eiffelturm (Frankreich).** Zwei städtebauliche Sternpunkte: die Avenue des Champs-Élysées als berühmteste Prachtstraße der Welt mit dem Monument des großen Triumphbogens als Blickpunkt und der Eiffelturm, seit 1889 alles überragendes Wahrzeichen von Paris.

◀ **Paris, les Champs-Élysées avec l'Arc de Triomphe de l'Étoile (France)**
▶ **Paris, la tour Eiffel (France).** Deux des principales curiosités de la capitale: l'Avenue des Champs-Élysées, la plus célèbre avenue du monde avec le grand Arc de Triomphe qui attire les regards et la tour Eiffel, depuis 1889 le symbole indissociable de la capitale.

◀ **Paris, Avenue des Champs-Elysées, with the Arc de Triomphe de l'Étoile (France)**
▶ **Paris, the Eiffel Tower (France).** Two of the city's main features: the Champs-Elysées, the world's most famous avenue, culminating in the great triumphal arch, and the Eiffel Tower – since 1889 the city's most famous symbol.

Château de Sully an der Loire (Dep. Loiret, Frankreich). Der französische Hochadel eiferte seinen Königen nach, als diese sich im Tal der Loire und ihrer Nebenflüsse in zunächst wehrhaften, dann immer prachtvolleren Schlössern niederließen. Chambord, Amboise, Blois, Chenonceaux zählen zu den bekanntesten. Das Schloß von Sully ließ sich im 17. Jahrhundert ein Minister Heinrichs IV. errichten. Selbst Protestant, hatte er diesem geraten, sich die französische Krone mit dem Übertritt zum katholischen Glauben zu erkaufen: »Paris ist eine Messe wert.«

Château de Sully sur la Loire (Loiret, France). En s'installant dans la vallée de la Loire et de ses affluents dans des châteaux de plus en plus somptueux, la haute noblesse française suivit l'exemple de ses rois. Chambord, Amboise, Blois, Chenonceaux sont parmi les plus connus. Ministre de Henri IV, Sully se fit élever ce château au XVIIe siècle. Lui-même protestant, il avait conseillé au roi d'abjurer sa foi pour asseoir son trône. Au moment de sa conversion au catholicisme, Henri IV aurait dit: «Paris vaut bien une messe.»

Château de Sully on the Loire (Dep. Loiret, France). The French nobility emulated their kings when they built castles, and later increasingly elaborate palaces, in the valleys of the Loire and its tributaries. Chambord, Amboise, Blois, and Chenonceaux are some of the best-known. Sully Palace was built in the 17th century by one of Henry IV's ministers. Himself a Protestant, he had advised Henry to convert to Catholicism in order to strengthen his claim on the French crown, saying: "Paris is worth a Mass."

◀ **Die Salinenfelder von Queniguen an der Bucht von La Baule in der Bretagne (Dep. Loire-Atlantique, Frankreich).** Unweit des Seebades La Baule und der Hafenstadt Saint-Nazaire am Golf von Biscaya dient ein kompliziertes System flacher Seen der Gewinnung von Meersalz.

▼ **Der Calvaire von Guimiliau in der Bretagne (Dep. Finistère, Frankreich).** Die figurenreichen Kalvarienberge wie dieser aus dem späten 16. Jahrhundert sind typisch für die Bretagne, deren Bewohner einst vor den nach Britannien eindringenden Angeln, Sachsen und Jüten in diese Landschaft flohen.

◀ **Les marais salants de Queniguen dans la baie de La Baule en Bretagne (Loire-Atlantique, France).** Non loin de la station balnéaire de La Baule et du port de Saint-Nazaire dans le golfe de Gascogne, on extrait le sel de la mer grâce à un système compliqué de bassins et canaux.

▼ **Le calvaire de Guimiliau en Bretagne (Finistère, France).** Les calvaires richement sculptés, comme celui de Guimiliau, qui date de la fin du XVIᵉ siècle, sont typiques de la Bretagne dont les habitants se sont autrefois réfugiés ici après avoir fui l'île de Bretagne qu'envahissaient Angles, Saxons et Jutes.

◀ **The Salt Ponds of Queniguen on the Bay of La Baule in Brittany (Dep. Loire-Atlantique, France).** Here, not far from the coastal resort of La Baule and the port of Saint-Nazaire, on the Bay of Biscay, a complicated system of ponds serves for the production of sea salt.

▼ **The Calvary of Guimiliau in Brittany (Dep. Finistère, France).** Ornate calvaries, like this late 16th century example, are typical of Brittany, many of whose inhabitants are descendants of Christian Celts who fled here from Britain in and around the 6th century to escape the invading Angles, Saxons, and Jutes.

Der Mont-Saint-Michel vor der normannischen Küste (Dep. Manche, Frankreich). Nicht nur durch ihre Lage auf einer steilen Felseninsel im Golf von Saint-Malo gehört diese steinerne Gottesburg zu den eindrucksvollsten Kulturdenkmälern Frankreichs. Seit einer Erscheinung des Erzengels Michael Anfang des 8. Jahrhunderts zog dieser Ort Pilgerscharen an. Die 966 gegründete Benediktiner-abtei wurde bis ins 18. Jahrhundert immer wieder verändert und ausgebaut, so daß von der Romanik bis zum Barock alle europäischen Stilepochen an ihr gewirkt haben. Das friedliche Bild in der Abenddämmerung wird in ein dramatisches Inferno verwandelt, wenn der Klosterfelsen bei Sturmflut von haushohen Wogen umtost wird.

Le Mont-Saint-Michel devant la côte normande (Manche, France). Ce n'est pas uniquement par sa situation sur un îlot rocheux dans le golfe de Saint-Malo que cette forteresse fait partie des curiosités monumentales les plus impressionnantes de la France. Depuis une apparition de l'archange saint Michel, au début du VIIIe siècle, cet endroit a attiré une foule de pèlerins. L'abbaye bénédictine, fondée en 966, a été transformée et agrandie à plusieurs reprises jusqu'au XVIIIe siècle de sorte que tous les styles, du roman au baroque, y sont représentés. L'image paisible du Mont-Saint-Michel au crépuscule est trompeuse; il faut le voir lorsque d'énormes vagues déferlent contre ses flancs par grande marée.

Mont-Saint-Michel, off the coast of Normandy (Dep. Manche, France). It is not only its striking position on a conical rocky islet in the Bay of Saint-Malo that makes this monastery into one of France's most impressive cultural monuments. The island has been a place of pilgrimage since the beginning of the 8th century when the Archangel Michael is said to have appeared in a vision to the bishop of Avranche and told him to build a church there. The Benedictine Abbey, founded in 966, was continuously altered and extended right up until the 18th century, so that all European building styles from the Romanesque to the

Steilküste bei Étretat in der Normandie (Dep. Seine-Maritime, Frankreich). Die Kanalküste der östlichen Normandie ragt wie hier bei Étretat neunzig Meter fast senkrecht aus dem Meer auf und bildet stellenweise messerscharfe Felsen *(falaises)*, Tore und freistehende Nadeln wie die Aiguille d'Étretat mit etwa siebzig Meter Höhe. Die leicht hügelige Landschaft bedeckt den ehemaligen Meeresboden, der sich im Verlauf von Jahrmillionen aus den kalkhaltigen Skeletten abgestorbener Urtierchen in Schichten aufgebaut hat.

Les falaises d'Étretat en Normandie (Seine-Maritime, France). La côte de Seine-Maritime, comme ici à Étretat, s'élève presque à pic jusqu'à quatre-vingt-dix mètres au-dessus de la mer. Elle présente par endroits des falaises, des portes et des aiguilles comme celle d'Étretat avec ses soixante-dix mètres de hauteur. Le paysage légèrement montueux recouvre l'ancien fond de la mer qui, au cours de millions d'années, a été formé de couches successives de calcaire coquillier.

Cliffs near Étretat in Normandy (Dep. Seine-Maritime, France). The Channel coast of eastern Normandy rises almost vertically to as much as ninety metres above the sea, forming in some places – as here at Étretat – razor-sharp rocks *(falaises)*, arches, and stacks, such as the Aiguille d'Étretat, which is about seventy metres high. The laminated cliffs demonstrate how the rock was built up in layers in the course of many millions of years out of the calcareous skeletons of tiny marine animals.

95

◀ **Eguisheim im Oberelsaß (Dep. Haut-Rhin, Frankreich).**
Heimatlich vertraut erscheint uns das alemannisch besie-
delte Elsaß. Im Schutz der waldreichen Vogesen liegen
schmucke Dörfer mit alten Fachwerkhäusern. Rot pran-
gende Geranien und wilder Wein lockern die Geometrie der
Hausfassaden auf. An den sonnigen Rebhängen gedeihen
Riesling und Gewürztraminer.
▶ **Brügge, am Rozenhoedkai mit dem gotischen Belfried
(Westflandern, Belgien).** Die alte Handelsstadt mit ihren
Kirchtürmen, von denen hell das Glockenspiel klingt, und
mit den vielen Backsteingiebeln zwischen den dunklen
Wasseradern könnte man für ein Museum des Mittelalters
halten. Doch das ist nur der reizvolle Kern eines modernen
und regen Hafen- und Industriezentrums.

◀ **Eguisheim en Haute-Alsace (Haut-Rhin, France).** À
l'abri des Vosges aux riches forêts, les ravissants villages
alsaciens ont encore un visage d'autrefois avec leurs
vieilles maisons à colombage dont la géométrie des
façades est adoucie par le rouge vif des géraniums et
l'exubérance de la vigne vierge. Les versants ensoleillés
des vignobles donnent des crus réputés comme le Riesling
et le Gewürztraminer.
▶ **Bruges, le Rozenhoedkai avec le beffroi gothique
(Flandre occidentale, Belgique).** Avec ses clochers, son
carillon, ses nombreuses maisons en brique à pignon entre
les canaux aux eaux sombres, l'ancienne ville marchande
pourrait passer pour un musée d'architecture médiévale.
Mais ce n'est que le ravissant noyau d'un port et d'un
centre industriel moderne et animé.

◀ **Eguisheim in Upper Alsace (Dep. Haut-Rhin, France).**
The Alsace, with its Alemannic population, has a lot in common with German areas along the Rhine. Its pretty villages
with their half-timbered houses are protected by the well-
forested Vosges Mountains. Red geraniums and virginia
creeper soften the geometry of the house façades. Riesling
and Gewürztraminer flourish in the region's sunny vineyards.
▶ **Bruges, Rozenhoed Quay with the Gothic Belfry of
Bruges (West Flanders, Belgium).** The old commercial
city, with its church towers from which carillons play
melodically, traversed by numerous canals lined with brick-
built, gabled houses, could be taken for a museum of
medieval architecture. But in fact it is only the delightful
centre of a thriving modern port and industrial town.

◀ **Brüssel, Maison du Roi an der Grand-Place (Belgien).**
Die königliche Hauptstadt Brüssel hat in der Grand-Place
ihr traditionsreiches Herz. Rings um diesen stattlichen Rat-
haus- und Marktplatz ragen die prächtigen Zunfthäuser des
15. bis 18. Jahrhunderts auf, Inbegriff bürgerlichen Fleißes
und kaufmännischer Tatkraft.
▶ **Brüssel, das Atomium (Belgien).** Ausdruck des modernen, stark industrialisierten Belgien und seiner lebhaften
Hauptstadt ist das 102 Meter hohe Atomium, das aus Anlaß
der Weltausstellung 1958 errichtet wurde. Es stellt das
150milliardenfach vergrößerte Modell eines Alpha-Eisen-
kristalls dar.

◀ **Bruxelles, la Maison du roi sur la Grand-Place
(Belgique).** La Grand-Place constitue le cœur de la capitale
du royaume de Belgique. De prestigieuses maisons des
corporations datant du XVe au XVIIIe siècle, témoins de
l'activité et du dynamisme des habitants, entourent cette
ancienne et imposante place du marché où se dresse le
merveilleux hôtel de ville.
▶ **Bruxelles, l'Atomium (Belgique).** L'Atomium, d'une hauteur de 102 mètres, qui fut érigé à l'occasion de l'Exposi-
tion universelle de 1958, est le symbole de la Belgique
moderne, très industrialisée et de sa dynamique capitale. Il
représente les atomes d'un cristal agrandis 150 milliards de
fois.

◀ **Brussels, Maison du Roi on Grand-Place (Belgium).**
The Grand-Place, rich in tradition, is the heart of the royal
city of Brussels. Surrounded by splendid guild houses, and
with its 15th century Hôtel de Ville, it is the embodiment of
bourgeois diligence and business acumen.
▶ **Brussels, the Atomium (Belgium).** The 102-metre-high
Atomium, which was erected for the World Exhibition in
1958, has come to symbolize this modern, highly industrialized country and its thriving capital. The Atomium is a
model of an alpha-iron crystal magnified 150 thousand million times.

Den Haag/'s-Gravenhage, Parlament (Niederlande).
Den Haag ist nicht nur Residenz der niederländischen
Regierung und Hauptstadt der Provinz Zuid-Holland, sondern auch eine wahre Schatzkammer der Kunst. Im Herzen
der Stadt ruht der Hofvijer, der Schloßweiher, umgeben
von traditionsreichen Gebäuden wie dem Parlament und
dem Mauritshuis, das eine der schönsten Sammlungen nie-
derländischer Malerei birgt. An den stillen Grachten mit
ihren Backsteinbauten stehen Kirchen wie die spätgotische
Grote Kerk und die barocke Nieuwe Kerk.

Den Haag/'s-Gravenhage, le Parlement (Pays-Bas). Résidence du gouvernement néerlandais et chef-lieu de la Hollande-Méridionale, La Haye possède de nombreux trésors
artistiques. Au cœur de la ville se trouve le Hofvijer, l'étang
du château, entouré de prestigieux édifices comme le Parlement et le Mauritshuis qui abrite l'une des plus belles
collections de peinture hollandaise. Au bord de ses canaux
paisibles avec leurs maisons en brique se trouvent des
églises comme la Grote Kerk de style gothique flamboyant
et la Nieuwe Kerk baroque.

The Hague, Parliament (The Netherlands). The Hague is
not only the seat of the Dutch government and capital of
the Province Zuid-Holland, but also a treasury of the arts. In
the heart of the town is the peaceful Hofvijer, or Castle
Pond, surrounded by historical buildings such as Parliament House and the Mauritshuis, which contains one of the
world's finest collections of Dutch paintings. The city's
quiet canals are lined with fine red-brick buildings and
churches, such as the late Gothic Grote Kerk and the
Baroque Nieuwe Kerk.

Windmühlen bei Kinderdijk (Südholland, Niederlande).
Windmühlen dienten – und dienen zum Teil noch heute – in
den Niederlanden nicht nur zum Mahlen des Brotgetreides,
sondern vielfach auch zum Entwässern der eingedeichten
Polderflächen. Große Teile des Landes sind ja erst durch
ein aufwendiges System von Deichen dem Meer abgetrotzt
oder nach Jahrhunderte zurückliegenden Flutkatastrophen
zurückgewonnen worden. Soweit sie tiefer als die Meeresoberfläche oder nur geringfügig darüber liegen, muß das
Grundwasser ständig abgepumpt werden.

**Moulins à vent près de Kinderdijk (Hollande-Méridionale,
Pays-Bas).** Aux Pays-Bas, les moulins à vent servaient – et
servent encore en partie aujourd'hui – non seulement à
moudre le grain mais aussi à assécher les polders. Une
grande partie du pays a en effet été arrachée à la mer, ou
reconquise après des inondations catastrophiques remon-
tant à plusieurs siècles, grâce à un système sophistiqué de
digues. Lorsque l'altitude des terres est voisine du niveau
de la mer ou inférieure à celui-ci, les eaux souterraines
doivent être pompées en permanence.

Windmills near Kinderdijk (South Holland, Netherlands).
Windmills served – and still serve in some cases – not only
to grind grain, but also to pump water from the reclaimed
land between the dykes. Large parts of the country have
been wrested from the sea, or recovered from it after seri-
ous floods in times past. Those that lie below, or only
slightly above, sea-level have to be continuously pumped
free of rising ground water.

◀ **Haarlem, am Spaarne (Nordholland, Niederlande).** Kaum ein Land ist von so vielen Wasserläufen – natürlichen und künstlichen – durchzogen wie die Niederlande. Da sie fast ohne Strömung sind, dienen sie als ideale Wasserstraßen. Da müssen sich dann beim Herannahen eines Schiffes die kreuzenden Straßen zu Lande bequemen und als Klappbrücke in die Höhe heben lassen wie hier in Haarlem.

▶ **Luxemburg, Stadtzentrum mit ehemaligen Festungsanlagen (Großherzogtum Luxemburg).** Die Hauptstadt des einzigen noch existierenden Großherzogtums ist auch Sitz des Europäischen Gerichtshofes und zudem ein wichtiger europäischer Bankenplatz. Die Zeiten, als die einstmals starke Burg in unedlem Wettstreit von Spaniern, Österreichern, Franzosen und Deutschen immer wieder zur noch moderneren Festung ausgebaut wurde, sind glücklicherweise überstanden.

◀ **Haarlem, sur la Spaarne (Hollande-Septentrionale, Pays-Bas).** Il n'y a guère de pays qui sont comme les Pays-Bas traversés d'autant de cours d'eau – naturels et artificiels. Ceux-ci étant pratiquement sans courant, ils constituent des voies navigables idéales. À l'approche d'un bateau, on actionne les ponts basculants qui les enjambent comme ici à Haarlem.

▶ **Luxembourg, le centre de la ville avec les anciennes fortifications (grand-duché de Luxembourg).** La capitale du grand-duché, le seul qui existe encore, est également le siège de la Cour de justice européenne et en outre une importante place bancaire européenne. L'époque où, objet de vile rivalité entre Espagnols, Autrichiens, Français et Allemands, le Luxembourg était devenu une forteresse de plus en plus moderne est fort heureusement révolue.

◀ **Haarlem, the River Spaarne (North Holland, Netherlands).** Few countries are as rich in watercourses – both natural and artificial – as the Netherlands. The fact that they have very slow currents makes them ideal waterways. Bascule bridges which can be raised to allow ships to pass beneath are a typical feature of many roads as here in Haarlem.

▶ **Luxembourg, town centre with the old fortifications (Grand Duchy of Luxembourg).** The capital of the only surviving Grand Duchy is also the seat of the European Court and an important European banking centre. The time when Luxembourg was a bone of contention between the Spaniards, Austrians, French, and Germans, and the capital of necessity became one of the strongest fortresses in Europe, is fortunately now past.

Bowler-Hat-Parade in London (Großbritannien)
Ein britischer Feuerwehrmann
Ölarbeiter auf einer Bohrinsel in der Nordsee
Bauer mit torfbeladenen Eseln auf dem Heimweg (Conne-
mara, Republik Irland)

Match de cricket au collège d'Eton (Grande-Bretagne)
«Bowler Parade» à Londres (Grande-Bretagne)
Un pompier britannique
Ouvrier sur une plate-forme pétrolière en mer du Nord
Un paysan rentrant chez lui avec ses ânes chargés de
tourbe (Connemara, République d'Irlande)

A game of cricket at Eton College (Great Britain)
"Bowler Parade" in London (Great Britain)
British fireman
Worker on an oil platform in the North Sea
Farmer on his way home with donkeys loaded with peat
(Connemara, Republic of Ireland)

BRITISCHE INSELN
LES ÎLES BRITANNIQUES
THE BRITISH ISLES

Isle of Wight, die Needles an der Westküste (Großbritannien). Die der südenglischen Steilküste vorgelagerte Isle of Wight ist aufgrund ihres milden Klimas und der natürlichen Schönheit seit jeher ein beliebtes Urlaubsziel. Schon Queen Victoria schätzte den Aufenthalt hier sehr. Während die nördlichen Ufer der Insel an der Wasserstraße des Solent waldbedeckt sind, streicht im Süden der Seewind ungehindert über blanke Kreideklippen, die im äußersten Südwesten in messerscharfen Zinnen auslaufen, den Needles (Nadeln).

Île de Wight, les Needles sur la côte ouest (Grande-Bretagne). Le climat très doux et la beauté naturelle de l'île de Wight, au large de la côte escarpée du sud de l'Angleterre, en ont fait un lieu de séjour très apprécié. La reine Victoria déjà y venait très volontiers. Tandis que la côte septentrionale de l'île sur le détroit de Solent est très boisée, au sud, aucun obstacle ne vient arrêter le vent de mer qui balaie les falaises de craie dont l'extrêmité sud-ouest se termine par des aiguilles, les Needles.

The Isle of Wight, the Needles, on the west coast (Great Britain). Its mild climate and beautiful scenery have made this island off the south coast of England popular with holiday-makers – one of the most famous was Queen Victoria. While the north coast of the island, along the Solent, is wooded, the south coast is characterized by bare chalk cliffs – which, in the extreme south-west, extend into the sea in the form of three sharp-ridged isolated rocks called the Needles.

▼ **Shaftesbury, Gold Hill (Dorset, Großbritannien).** In der anmutigen, von Hecken durchzogenen Hügellandschaft Südenglands kauern an wohnlichen Hängen die alten Häuser unter wetterfesten Dächern.

▶ **London, Tower und Tower-Bridge (Großbritannien).** Im Herzen der Weltstadt London liegt der berühmte Tower. Das Kernstück der Festung, den Weißen Turm, ließ Wilhelm der Eroberer ab 1078 erbauen. Die benachbarte Tower-Bridge über die Themse, gerade hundert Jahre alt, ist dagegen ein Zeugnis moderner Industriebaukunst. Ihr schweres Mittelteil zwischen den mächtigen Türmen läßt sich für die Durchfahrt großer Hochseeschiffe heben.

▼ **Shaftesbury, Gold Hill (Dorset, Grande-Bretagne).** Dans la charmante région montueuse entrecoupée de haies de l'Angleterre du sud, les vieilles maisons blotties sous leurs toits s'accrochent aux aimables versants des collines.

▶ **Londres, la Tour et le Tower Bridge (Grande-Bretagne).** La célèbre tour se trouve au centre de Londres. C'est Guillaume le Conquérant qui fit construire le cœur de cette citadelle, la Tour Blanche, à partir de 1078. Par contre, à côté, au-dessus de la Tamise, le Tower Bridge qui vient

d'avoir cent ans, est un monument de l'architecture industrielle moderne. Sa lourde partie médiane entre les deux imposantes tours se soulève pour laisser passer les grands bateaux de haute mer.

▼ **Shaftesbury, Gold Hill (Dorset, Great Britain).** In the delightful, hilly countryside of south England, with its typical hedgerows, each cottage has a character of its own.

▶ **London, the Tower, and Tower Bridge (Great Britain).** The famous Tower lies in the heart of the metropolis. The nucleus of the complex is the White Tower, built by William the Conqueror from 1078. In contrast, the adjacent Tower Bridge across the Thames, just a century old, is an example of modern industrial building. The heavy central section between the great towers can be lifted to make way for large sea-going ships.

Wickets, form Eton College (Großbritannien)
Bowler-Hat-Parade in London (Großbritannien)
Ein britischer Feuerwehrmann
Ölarbeiter auf einer Bohrinsel in der Nordsee
Bauer mit torfbeladenen Eseln auf dem Heimweg (Connemara, Republik Irland)

Match de cricket au collège d'Eton (Grande-Bretagne)
«Bowler Parade» à Londres (Grande-Bretagne)
Un pompier britannique
Ouvrier sur une plate-forme pétrolière en mer du Nord
Un paysan rentrant chez lui avec ses ânes chargés de tourbe (Connemara, République d'Irlande)

A game of cricket at Eton College (Great Britain)
"Bowler Parade" in London (Great Britain)
British fireman
Worker on an oil platform in the North Sea
Farmer on his way home with donkeys loaded with peat (Connemara, Republic of Ireland)

◀ **Haarlem, am Spaarne (Nordholland, Niederlande).**
Kaum ein Land ist von so vielen Wasserläufen – natürlichen
und künstlichen – durchzogen wie die Niederlande. Da sie
fast ohne Strömung sind, dienen sie als ideale Wasserstraßen. Da müssen sich dann beim Herannahen eines Schiffes
die kreuzenden Straßen zu Lande bequemen und als
Klappbrücke in die Höhe heben lassen wie hier in Haarlem.
▶ **Luxemburg, Stadtzentrum mit ehemaligen Festungsanlagen (Großherzogtum Luxemburg).** Die Hauptstadt des
einzigen noch existierenden Großherzogtums ist auch Sitz
des Europäischen Gerichtshofes und zudem ein wichtiger
europäischer Bankenplatz. Die Zeiten, als die einstmals
starke Burg in unedlem Wettstreit von Spaniern, Österreichern, Franzosen und Deutschen immer wieder zur noch
moderneren Festung ausgebaut wurde, sind glücklicherweise überstanden.

◀ **Haarlem, sur la Spaarne (Hollande-Septentrionale,
Pays-Bas).** Il n'y a guère de pays qui sont comme les Pays-
Bas traversés d'autant de cours d'eau – naturels et artificiels. Ceux-ci étant pratiquement sans courant, ils constituent des voies navigables idéales. À l'approche d'un
bateau, on actionne les ponts basculants qui les enjambent
comme ici à Haarlem.
▶ **Luxembourg, le centre de la ville avec les anciennes
fortifications (grand-duché de Luxembourg).** La capitale
du grand-duché, le seul qui existe encore, est également le
siège de la Cour de justice européenne et en outre une
importante place bancaire européenne. L'époque où, objet
de vile rivalité entre Espagnols, Autrichiens, Français et
Allemands, le Luxembourg était devenu une forteresse de
plus en plus moderne est fort heureusement révolue.

◀ **Haarlem, the River Spaarne (North Holland, Netherlands).** Few countries are as rich in watercourses – both
natural and artificial – as the Netherlands. The fact that they
have very slow currents makes them ideal waterways. Bascule bridges which can be raised to allow ships to pass
beneath are a typical feature of many roads as here in
Haarlem.
▶ **Luxembourg, town centre with the old fortifications
(Grand Duchy of Luxembourg).** The capital of the only surviving Grand Duchy is also the seat of the European Court
and an important European banking centre. The time when
Luxembourg was a bone of contention between the
Spaniards, Austrians, French, and Germans, and the
capital of necessity became one of the strongest fortresses
in Europe, is fortunately now past.

◀ **London, Zeremonie des Trooping the Colour (Großbritannien).** Alljährlich im Juni zur Feier des Geburtstags der Königin zieht diese Zeremonie mit dem festlichen Truppenaufmarsch in traditionellen Uniformen ein Heer von Schaulustigen an.
▶ **London, die Parlamentsgebäude mit dem Big Ben (Großbritannien).** Mit einer Front von 275 Meter Länge erstreckt sich am Themseufer in Westminster der Gebäudekomplex für das britische Ober- und Unterhaus. Man kann kaum sagen, was berühmter ist in der ganzen Welt, der fünfzig Meter hohe Glockenturm Big Ben selbst oder das Glockenspiel mit seinen markanten acht Schlägen.

◀ **Londres, la cérémonie du salut au drapeau (Grande-Bretagne).** Chaque année, au mois de juin, pour l'anniversaire de la reine, cette cérémonie avec le défilé traditionnel des troupes attire une foule de curieux.
▶ **Londres, le Parlement avec Big Ben (Grande-Bretagne).** L'immeuble qui abrite la Chambre des communes et la Chambre des lords s'étend sur 275 mètres le long de la Tamise à Westminster. Difficile de dire quel est le plus célèbre des deux: Big Ben, la tour de 50 mètres de haut, ou le carillon avec ses huit coups si caractéristiques.

◀ **London, Trooping the Colour (Great Britain).** This colourful ceremony – a parade of troops in traditional uniforms on Horse Guards Parade – held in June in celebration of the sovereign's birthday, attracts a great number of spectators every year.
▶ **London, the Houses of Parliament with Big Ben (Great Britain).** The building that accommodates the two British Houses of Parliament (Commons and Lords) extends along the Thames in Westminster for 275 metres. It is hard to say which is more famous throughout the world: the fifty-metre-high clock tower which houses "Big Ben", the great hour bell weighing 13 1/2 tons, or its chimes.

◀ **Derwentwater im Lake District (Cumbria, Großbritannien).** Dem Wirken der Eiszeit verdankt der Seenbereich des kumbrischen Berglandes seine abgeschliffenen Kuppen und die zahlreichen Wasserspiegel. Der ausgedehnte Naturpark ist heute ein Paradies der Wanderer und Angler, wie einst Maler und Dichter sich hierher zurückzogen.
▶ **Castle Combe in den Cotswold Hills (Wiltshire, Großbritannien).** Auf den sanften Hügeln der Cotswolds weideten früher riesige Schafherden. Der Wohlstand der Grundbesitzer und Wollhändler ließ hier stattliche Schlösser und Bürgerhäuser entstehen.

◀ **Derwentwater dans le Lake District (Cumberland, Grande-Bretagne).** Les glaciers du quaternaire ont modelé les sommets et donné naissance aux nombreux lacs et ruisseaux de la région des lacs du massif du Cumberland. Le grand parc naturel qui y a été aménagé est aujourd'hui un paradis pour les randonneurs et les pêcheurs à la ligne. Autrefois, cette région a attiré des peintres et des poètes.
▶ **Castle Combe dans les Cotswold Hills (Wiltshire, Grande-Bretagne).** D'immenses troupeaux de moutons paissaient jadis sur les douces collines des Cotswolds. Les riches propriétaires terriens et marchands de laine ont fait construire ici d'imposants châteaux et de belles maisons bourgeoises.

◀ **Derwentwater, in the Lake District (Cumbria, Great Britain).** The rounded hills and many lakes and rivers in the Cumbrian Lake District are the result of glacial action in the Ice Age. This extensive nature reserve, which has many literary associations, is a paradise for walkers and anglers.
▶ **Castle Combe, in the Cotswold Hills (Wiltshire, Great Britain).** The gentle hills of this region once provided grazing for huge flocks of sheep. The wealth of the landowners and wool merchants found expression in great houses and prosperous villages.

**Eilean Donan Castle am Loch Duich in den Highlands
(Schottland, Großbritannien).** Das schottische Hochland
ist reich an Seen, Heideflächen und Mooren. Im Ben Nevis,
Großbritanniens höchstem Berg, erreicht es mit 1343
Metern seine größte Höhe. Schwermütig ruht die blau-
grüne Landschaft vor uns. Das karge Land bot von jeher
nur wenigen Menschen ein Auskommen. Der Adel zog sich
in seine trutzigen Burgen zurück und huldigte von dort aus
der Jagd als Hauptvergnügen. Eilean Donan Castle erlebte
1719 seine letzte große Stunde. Während der Jakobitenauf-
stände der Anhänger des Stuartkönigs Jakob II. segelte
eine englische Flotte heran und zerstörte die Festung. Sie
wurde erst 1912 bis 1932 originalgetreu wieder aufgebaut.

**Château d'Eilean Donan au Loch Duich dans les High-
lands (Écosse).** Le massif montagneux écossais est riche
en lacs, landes et marais. Il culmine à Ben Nevis qui, avec
ses 1343 mètres d'altitude, est le plus haut sommet de
Grande-Bretagne. Le paysage vert bleu, qui s'étend devant
nous, donne une impression de mélancolie. Les terres pau-
vres n'ont jamais nourri leur homme. Retirée dans ses châteaux fortifiés, la noblesse s'adonnait surtout ici au plaisir
de la chasse. C'est en 1719 que le château d'Eilean Donan
connut sa dernière grande heure. Pendant la révolte des
Jacobites, les partisans de Jacques II, une flotte anglaise
vint détruire la forteresse. Celle-ci fut reconstruite selon le
plan original de 1912 à 1932.

**Eilean Donan Castle on Loch Duich, in the Highlands
(Scotland, Great Britain).** The Scottish Highlands – highest
elevation Ben Nevis (1,343 m) – are a medley of mountains,
lakes, heaths, and moors, but the land is largely arid, and
has always been able to support only a small population.
The nobility ensconced themselves in castles and devoted
themselves to hunting. Eilean Donan Castle's last great
hour struck in 1719, when it was destroyed by an English
fleet which sailed up the Loch during the Jacobite uprising.
It was finally rebuilt in the original style between 1912 and
1932.

116

◀ **Edinburgh, Princes Street Gardens und Altstadt (Schottland, Großbritannien).** Der gotische Turm der Saint Giles Church überragt die schmalen, hohen Häuser der Altstadt, deren strenge Fassaden einen soliden Wohlstand verbergen. Das gepflegte Grün von Princes Street Gardens und die zu Dutzenden säuberlich aufgereihten Parkbänke erwarten am Feierabend und am Wochenende einen Strom von Erholungsuchenden.

▶ **Giant's Causeway in den Antrim Mountains (Nordirland).** Ein Riese scheint den etwa fünf Kilometer langen Abschnitt an der Nordküste der Grafschaft Antrim gepflastert zu haben. Die Brandungswellen des Nordatlantiks haben den vor 30 bis 40 Millionen Jahren als glühende Lava aufgestiegenen und in sechseckigen Säulen erstarrten Basalt ausgewaschen.

◀ **Edinbourg, Princes Street Gardens et Vieille Ville (Écosse, Grande-Bretagne).** La tour gothique de la cathédrale Saint-Giles surplombe les hautes maisons étroites de la Vieille Ville dont les façades austères abritent une solide aisance. Le gazon bien entretenu de Princes Street Gardens et les bancs du parc alignés par douzaines attendent le soir et les week-ends une foule de visiteurs.

▶ **Chaussée des Géants sur le plateau d'Antrim (Irlande du Nord).** On croirait qu'un géant a pavé cet endroit de cinq kilomètres de long sur la côte septentrionale du comté d'Antrim. Les vagues de l'océan Atlantique ont affouillé le basalte surgi il y a 30 à 40 millions d'années sous forme de lave incandescente et solidifié en colonnes hexagonales.

◀ **Edinburgh, Princes Street Gardens and the Old Town (Scotland, Great Britain).** The steeple of St Giles' Church rises high above the tall, narrow houses of the Old Town, whose austere façades conceal sedate prosperity. Princes Street Gardens with their lush grass, and neat lines of park benches, are a popular place of recreation after work and at weekends.

▶ **Giant's Causeway, on the coast of Antrim (Northern Ireland).** Legend says that this three-mile-long formation was the beginning of a bridge built by giants to join up Ireland and Scotland. In fact, these 40,000 mainly hexagonal basalt columns were formed by basaltic lava contracting as it cooled down 30 to 40 million years ago.

▼ **Hore Abbey und Rock of Cashel (Co. Tipperary, Republik Irland).** Die Kirchenburg auf dem Felsen von Cashel geht auf die Missionierung durch den heiligen Patrick, den Apostel der Iren, im 5. Jahrhundert zurück. Im Vordergrund die Ruinen der Zisterzienserabtei Hore.

▶ **Limerick, King John's Castle am River Shannon (Co. Limerick, Republik Irland).** Der Shannon schlängelt sich, in vielen Seen gestaut, vom nördlichen Irland bis in den Südwesten, bevor er sich in den Atlantik ergießt.

▶▶ **Der Hafen von Derrynane am Kenmare River (Co. Kerry, Republik Irland).** Wie hier auf der Halbinsel Kerry überraschen den Besucher vom Kontinent an der irischen Westküste im Frühsommer die weithin blühenden wilden Rhododendren.

▼ **Hore Abbey et Rock of Cashel (Comté de Tipperary, République d'Irlande).** Cashel, ville historique de la République d'Irlande, est dominée par une butte où se trouvent de remarquables ruines médiévales, une tour du XII⁰ siècle et une cathédrale du XIII⁰ siècle dédiée à saint Patrick, l'apôtre de l'Irlande, qui visita Cashel vers l'année 450. Au premier plan, les ruines de l'abbaye de Hore.

▶ **Limerick, King John's Castle sur le Shannon (Comté de Limerick, République d'Irlande).** Capté dans plusieurs lacs, le Shannon serpente à travers l'Irlande, du nord au sud-ouest, avant de se jeter dans l'Atlantique.

▶▶ **Le port de Derrynane sur le Kenmare (Comté de Kerry, République d'Irlande).** Les rhododendrons sauvages qui fleurissent au début du printemps sur la côte ouest de l'Irlande sont un enchantement pour le visiteur.

▼ **Hore Abbey and Rock of Cashel (Co. Tipperary, Republic of Ireland).** On the Rock of Cashel, the 'holiest spot in Ireland', is a group of ruins that includes a twelfth century tower and a thirteenth century cathedral dedicated to St Patrick – the apostle of Ireland, who visited Cashel in about 450. In the foreground are the ruins of Hore Abbey.

▶ **Limerick, King John's Castle on the River Shannon (Co. Limerick, Republic of Ireland).** The Shannon, Ireland's chief river, winds its way, passing through many loughs, from the north to the south-west.

▶▶ **The Harbour of Derrynane on the Kenmare River (Co. Kerry, Republic of Ireland).** Visitors coming from the Continent to the west coast of Ireland in early summer are surprised to find masses of blooming wild rhododendrons.

Mädchen bei der Mittsommernachtsfeier (Schweden)
Am Geysir Strokkur, der zur Zeit größten isländischen
Springquelle
Lappenfrau in der Finnmark (Norwegen)
Im Tivolipark mit der chinesischen Pagode, Kopenhagen
(Dänemark)

Jeune fille à la fête du soleil de minuit (Suède)
Au Geysir Strokkur, actuellement le plus grand geyser
islandais
Une Lapone au Finnmark (Norvège)
Dans le parc Tivoli avec la pagode chinoise, Copenhague
(Danemark)

Girl at the Midsummer Night Festival (Sweden)
Strokkur Geyser, at present Iceland's largest hot spring
Lapp woman in the Finnmark (Norway)
In Tivoli Park, with the Chinese Pagoda, Copenhagen
(Denmark)

NORDEUROPA
EUROPE DU NORD
NORTHERN EUROPE

Sommernacht am Mývatn, dem Mückensee (Island). Das Gefühl, die Welt sei eben erst entstanden, stellt sich an einem frühen Sommermorgen in der Urlandschaft Islands unvergeßlich ein. Unendlich reich ist die Natur dieser Insel dicht unter dem Polarkreis an Vulkanen – davon allein fünfundzwanzig noch tätige –, an stillen Fjorden, langgestreckten Vorgebirgen, vergletscherten Tälern und donnernden Wasserfällen. Lavaschwarz, Silbergrau und fahles Gelb bestimmen das Bild. Aus den Tiefen brechen die heißen Springquellen der Geysire hervor, Fumarolen entlassen zischend ihren Dampf.

Nuit d'été sur le «lac des moustiques», Mývatn (Islande). En contemplant le paysage islandais au point du jour en été, on a l'impression que le monde vient d'être créé. Cette île, située directement au-dessous du cercle polaire arctique, abonde en volcans – dont vingt-cinq sont encore en activité –, en fjords paisibles, en promontoires allongés, en vallées glaciaires et en cascades mugissantes. Le noir de la lave, un gris argent et un jaune pâle sont les couleurs dominantes du paysage. Des profondeurs jaillissent les sources d'eau chaude des geysers et les fumerolles s'échappent en sifflant des volcans.

Summer night on Mývatn – 'Mosquito Lake' (Iceland). On a summer's morning in the wilds of Iceland it is easy to feel that the world has just been created. This island just below the Polar Circle is rich in spectacular scenery, with numerous volcanoes – twenty-five of which are still active -, quiet fjords, long mountain ranges, glaciated valleys, and thundering waterfalls. Lava-black, silver-grey, and pale yellow are the dominant colours. Geysers erupt hot water at intervals, and fumaroles eject hissing jets of steam.

◀ **Århus, Freilichtmuseum Den Gamle By (Jütland, Däne-mark).** Die zweitgrößte Stadt Dänemarks, in Mitteljütland am Kattegat gelegen, bewahrt in dem ausgedehnten Frei-lichtmuseum Den Gamle By (die alte Stadt) über sechzig historische Gebäude, die aus Jütland hierher versetzt wur-den. Die Bauernhäuser, Läden und Werkstätten zeigen im Innern noch die originale Einrichtung, so daß sich ein anschauliches Bild vom Leben früherer Generationen ergibt.
▶ **Kopenhagen, Schloß Amalienborg (Dänemark).** Dieses königliche Schloß in der dänischen Haupt- und Residenz-stadt bildet mit seinen vier Palästen um einen runden Platz den würdigen Rahmen für offizielle Anlässe.

◀ **Aarhus, musée de plein air Den Gamle By (Jutland, Danemark).** La deuxième grande ville du Danemark, la capitale du Jutland, sur le Kattegat, possède un grand musée de plein air, Den Gamle By (la vieille ville), avec plus de soixante édifices historiques du Jutland qui ont été ré-unis à cet endroit. Les maisons paysannes, les magasins et ateliers sont aménagés comme autrefois, de sorte que l'on a une excellente idée de la vie des générations passées.
▶ **Copenhague, château d'Amalienborg (Danemark).** Avec ses quatre bâtiments groupés autour d'une cour ronde, le palais royal dans la capitale danoise offre un cadre idéal pour les cérémonies officielles.

◀ **Århus, Den Gamle By Open-Air Museum (Jutland, Den-mark).** In the extensive Den Gamle By (The Old Town) Museum, Århus, Denmark's second largest town, situated on the Kattegat in central Jutland, preserves more than sixty historical buildings transferred here from various parts of Jutland. The farmhouses, shops, and workshops with their original interiors give a realistic picture of the lifestyle of earlier generations.
▶ **Copenhagen, Amalienborg Palace (Denmark).** This royal palace in the Danish capital, with its four tracts enclosing a round place, provides a dignified background for official functions.

Insel Møn, der Sommerspiret von Møns Klint (Dänemark).
An der Ostspitze der Insel zwischen Seeland und Falster
ragen auf einer Länge von acht Kilometern über hundert
Meter hohe Kreidefelsen aus der Ostsee auf. Nicht immer
ist das Meer so blau wie ein Traum von der Südsee. Bei
Sturm nagen die Brandungswellen an dem weichen
Gestein der Kliffs und schieben so die Küstenlinie Jahr für
Jahr weiter zurück.

Île de Møn avec le Møns Klint (Danemark). À la pointe
orientale de l'île, entre les îles de Sjælland et de Falster, des
falaises calcaires de plus de cents mètres de hauteur se
dressent sur huit kilomètres de long au-dessus de la mer
Baltique dont les eaux ne sont pas toujours aussi bleues
que celles des mers du Sud. Par gros temps, les vagues qui
frappent contre la falaise rongent la roche tendre de sorte
que d'année en année le littoral recule.

The Island of Møn, the Sommerspiret of Møns Klint (Denmark). At the eastern end of the island, which lies between
Seeland and Falster, chalk cliffs rise to a hundred metres
above the Baltic along a five mile stretch of coast. The sea
is not always this dreamlike, South-Sea blue. During
storms, the waves attack the soft chalk of the cliffs, pushing
the coastline back a little year by year.

◀ **Der Fischerhafen von Reine auf der Lofotinsel Moskenesøya (Norwegen).** Etwa die Hälfte der Bevölkerung dieser südlichsten Insel in den großen Lofoten lebt vom Fischfang. Kabeljau und Dorsch werden in dem breiten Vestfjord, der die Inselgruppe vom nordnorwegischen Festland trennt, vor allem mit der Langangel gefangen und im Freien zu Stockfisch oder Klippfisch getrocknet.

▼ **Im Leirdalen, Jotunheimen (Norwegen).** Knapp östlich der Wasserscheide zwischen Nord- und Ostsee in Mittelnorwegen beginnen die gletschergespeisten Wasser des Leirdalen ihren Lauf zwischen alpinen Zweitausendern.

◀ **Le port de pêche de Reine dans l'île de Moskenesøya (îles Lofoten, Norvège).** Environ la moitié de la population dans la plus méridionale des îles Lofoten vit de la pêche. Dans le Vestfjord, qui sépare l'archipel du continent norvégien, on pêche le cabillaud et le dorsch. On les sèche ensuite à l'air pour obtenir des Stockfisch ou Klippfisch.

▼ **Paysage du Leirdalen, Jotunheim (Norvège).** Un peu à l'est de la ligne de partage des eaux entre la mer du Nord et la Baltique en Norvège centrale, les eaux du Leirdalen alimentées par les glaciers commencent à se frayer un passage dans le massif montagneux du Jotunheim.

◀ **The fishing harbour of Reine on the Lofoten Island of Moskenesøya (Norway).** About half of the population of this most southerly island in the Lofotens subsist on fishing. Cod, in particular, are caught in the broad Vestfjord which separates the group of islands from the mainland, and are dried in the open to make stockfish. The preparation of cod-liver oil is another important occupation.

▼ **In the Leirdalen Valley, Jotunheimen Mountains (Norway).** Slightly to the east of where the North Sea and the Baltic join, in central Norway, the glacial waters of the Leirdalen Valley begin their downward path between the two-thousand-metre high Jotunheimen Mountains.

Am Romsdalsfjord bei Åndalsnes (Norwegen). Die von Fjorden zerschnittene und in Inseln aufgelöste norwegische Küste hat mit all ihren Buchten eine Länge von etwa 20 000 Kilometern – die Hälfte des Erdumfangs. Gletscher haben diese Filigranarbeit in Jahrmillionen zustande gebracht. Der Romsdalsfjord umfaßt ein ganzes, fast hundert Kilometer langes System von großen und kleineren Fjorden, deren tiefste Stelle 361 Meter unter der Meeresoberfläche liegt.

Dans le Romsdalfjord près d'Åndalsnes (Norvège). Avec toutes ses baies, la côte norvégienne entaillée par des fjords et frangée d'îles a une longueur de quelque 20 000 kilomètres, ce qui représente la moitié de la circonférence de la terre. Des glaciers ont réalisé cet ouvrage en filigrane au cours de millions d'années. Le Romsdalfjord comprend tout un système, de près de cent kilomètres de long, de grands et petits fjords dont la plus grande profondeur se situe à 361 mètres au-dessous du niveau de la mer.

On Romsdal Fjord near Åndalsnes (Norway). If measured with all its inlets, the coast of Norway, deeply indented by fjords, and fringed by thousands of islands, has a total length of about 12,000 miles – half of the earth's circumference. All this filigree work was carried out by glaciers in the course of millions of years. The Romsdal Fjord embraces a whole system, nearly sixty miles long, of larger and smaller fjords, the deepest of which has a depth of 361 metres.

◀ **Bergen, Bryggenhäuser am Hafen (Norwegen).** In dieser drittgrößten Stadt Norwegens mit bedeutendem Hafen erinnern die hohen, schmalen Lagerhäuser von Bryggen, früher Tyskebryggen (deutsche Brücke) genannt, an die Blüte von Seefahrt und Handel zu Zeiten der Hanse vor fünf- bis sechshundert Jahren.

▶ **Stockholm, die Insel Riddarholmen (Schweden).** Die drei Inseln Stadsholmen, Riddarholmen (Ritterinsel) und Helgeandsholmen im Zentrum der schwedischen Hauptstadt sind durch eine Vielzahl von Brücken untereinander und mit den übrigen Teilen der Stadt nördlich und südlich des Riddarfjärd, des Ausflusses aus dem Mälarsee in die Ostsee, verbunden. Die Storkyrka (links) und die Riddarholmskyrka mit ihrem neunzig Meter hohen durchbrochenen Turm sind die bedeutendsten Kirchen der Stadt.

◀ **Bergen, maisons de Bryggen sur le port (Norvège).** Dans cette ville, la troisième du pays, dotée d'un port important, les hauts et étroits entrepôts de Bryggen, appelé autrefois Tyskebryggen (pont allemand), témoignent de la prospérité de la navigation maritime et du commerce à l'époque de la Hanse voici cinq à six siècles.

▶ **Stockholm, l'île de Riddarholmen (Suède).** Les trois îles Stadsholmen, Riddarholmen (île des chevaliers) et Helgeandsholmen au centre de la capitale suédoise sont reliées par une multitude de ponts entre elles et avec les autres parties de la ville au nord et au sud du Riddarfjärd, où les eaux du lac Mälar se mêlent avec celles de la mer Baltique. La Storkyrka (à gauche) et la Riddarholmskyrka avec son clocher ajouré sont les deux églises les plus importantes de la ville.

◀ **Bergen, harbour warehouses (Norway).** In this third-largest Norwegian town, with its important harbour, the tall narrow warehouses recall the fact that Bergen was already an important trading centre in the Hanseatic period, five to six hundred years ago. Earlier still, Bergen was the capital of the kingdom of Norway, and many Norwegian kings were crowned, or are buried, here.

▶ **Stockholm, the Island of Riddarholmen (Sweden).** The three islands Stadsholmen, Riddarholmen, and Helgeandsholmen in the centre of the Swedish capital are joined by numerous bridges to one another and to the other parts of the town to the north and south of the Riddarfjärd, the outlet joining Lake Mälar with the Baltic. The town's most important churches are the Storkyrka (left), and the Riddarholmskyrka, with its ninety-metre-high steeple with pierced spire.

◀ **Schiffsetzung von Kåseberga bei Ystad (Schweden).** Immer wieder begegnet man in Nordeuropa Steinsetzungen mit dem Grundriß eines riesigen Bootes. Sie wurden von der Bronzezeit bis ins frühe Mittelalter rings um das Grab eines Adligen errichtet.

▶ **Schloß Gripsholm am Mälarsee (Schweden).** Nicht weit von Stockholm spiegelt sich das königliche Schloß in dem großen See, der sich über 120 Kilometer durch Mittelschweden zieht. Die 450 Jahre alten Mauern beherbergen Schwedens größte Porträtgalerie. Der Name des Schlosses wurde im deutschsprachigen Raum besonders durch den Roman von Kurt Tucholsky bekannt. Sein Grab liegt im nahen Mariefred.

◀ **Mégalithes de Kåseberga près d'Ystad (Suède).** En Europe septentrionale, on rencontre souvent des monuments mégalithiques qui ont la forme d'un immense bateau. Ils furent érigés de l'époque du bronze jusqu'au début du Moyen Age autour de la tombe d'un noble.

▶ **Château de Gripsholm sur le lac Mälar (Suède).** Non loin de Stockholm, le château royal se reflète dans le grand lac qui s'étend sur 120 kilomètres de long à travers la Suède centrale. Ses murs, vieux de 450 ans, abritent la plus grande galerie de portraits du pays.

◀ **Standing-Stone Ship Monument of Kåseberga, near Ystad (Sweden).** Stone monuments in the shape of the outline of a huge ship can be found in various places in northern Europe. They were erected from the Bronze Age to the early Middle Ages round the tomb of a nobleman.

▶ **Gripsholm Castle on Lake Mälar (Sweden).** Gripsholm, a royal castle not far from Stockholm, is reflected in the waters of the large lake which extends for 73 miles through central Sweden. Gripsholm's 450-year-old walls house Sweden's largest portrait gallery.

◀ **Öland, der Leuchtturm an der Nordspitze der Insel (Schweden).** Die zweitgrößte Insel des Landes dehnt sich langgestreckt wie ein Aal vor der schwedischen Südostküste, durch den Kalmarsund von ihr getrennt. Weite Gebiete sind von Heide und Kalksteppe bedeckt, deren Pflanzen man zum Teil auch in Karstlandschaften am Mittelmeer findet.

▼ **Insel Tjörn im Kattegat, der Hafen von Kirkesund (Schweden).** Der südwestlichsten Landschaft Schwedens, Bohuslän, vorgelagert, erhebt sich Tjörn in einer Herde von Schären aus dem Meer. Die felsigen Eilande wurden von eiszeitlichen Gletschern rund gehobelt. Die bunten Fischerhäuser am Hafen sind eine touristische Attraktion.

◀ **Öland, le phare à la pointe septentrionale de l'île (Suède).** La deuxième grande île du pays s'étire comme une anguille devant la côte sud-est de la Suède dont elle est séparée par le Kalmarsund. Une grande partie des terres est recouverte de landes et de steppe calcaire dont la végétation se retrouve en partie dans les régions karstiques de la Méditerranée.

▼ **Île de Tjörn dans le Kattegat, le port de Kirkesund (Suède).** Au large du Bohuslän, la région la plus au sud-ouest de la Suède, l'île de Tjörn s'élève au milieu d'une foule d'îlots rocheux que les glaciers du quaternaire ont rabotés et arrondis. Les petites maisons de pêcheurs multicolores sur le port sont une attraction touristique.

◀ **Öland Island, lighthouse at its northern tip (Sweden).** Shaped like an eel, Sweden's second largest island stretches along the south-east coast, separated from the mainland by the narrow Kalmarsund. Large parts of it are covered with heath, and with limestone flora of the kind also found in some of the limestone areas of the Mediterranean.

▼ **The Island of Tjörn in the Kattegat, Kirkesund Harbour (Sweden).** Surrounded by a flock of rocky islets scoured smooth by Ice Age glaciers, Tjörn lies off the south-westerly part of the mainland near Bohuslän. The colourful fishermen's cottages round the harbour are a tourist attraction.

Saimaasee, in der Nähe von Puumala (Finnland). Das »Land der tausend Seen« hat wohl weit mehr dieser silbern leuchtenden Wasserflächen aufzuweisen. Der Saimaasee im Südosten des Landes rühmt sich seinerseits tausend eigener Inselchen. Er bildet mit insgesamt 4400 Quadratkilometer Fläche eines der drei großen Seensysteme Finnlands und ist durch einen Schiffahrtskanal mit dem Finnischen Meerbusen verbunden. Die holzverarbeitende Industrie – unter anderem zur Papiererzeugung – nagt an seinen noch reichen, schier undurchdringlichen Waldbeständen. Fichten und Kiefern werden hier und da von Laubbäumen wie Birken und Erlen durchsetzt.

Le lac Saimaa, aux environs de Puumala (Finlande). Le «pays des mille lacs» a bien plus à offrir que ces étendues d'eau aux reflets d'argent. Le lac Saimaa au sud-est du pays compte à lui seul mille petites îles. Avec une superficie totale de 4400 kilomètres carrés, il forme un des trois grands systèmes lacustres de la Finlande et est relié par un canal navigable au golfe de Finlande. L'industrie du bois rogne – entre autres pour la fabrication du papier – les forêts encore riches et presque impénétrables du pays. Pins et sapins sont remplacés ici et là par des feuillus comme les bouleaux et les aulnes.

Lake Saimaa, near Puumala (Finland). The "land of the thousand lakes" undoubtedly has far more than a thousand of these silvery sheets of water. Lake Saimaa, in the southeast of the country, can boast a thousand islets of its own. With a total area of 4,400 square kilometres, it is one of the three largest lake systems in Finland, and is connected with the Finnish Gulf by a navigable canal. The lumber industry, including paper-manufacture, steadily gnaws away at the immense forests which consist mainly of spruce and pine, with an occasional sprinkling of birch and alder.

Im Biergarten des Brauhauses »U Fleku« in Prag (CSFR)
Bauer mit Ochsengespann in der Puszta (Ungarn)
Auf Wallfahrt in Tschenstochau (Polen)
Junge in Leningrad (UdSSR)
Ballettaufführung im Bolschoitheater, Moskau (UdSSR)

Dans le jardin de la brasserie «U Fleku» à Prague
(Tchécoslovaquie)
Paysan avec son attelage de bœufs dans la Puszta
(Hongrie)
En pèlerinage à Czestochowa (Pologne)
Jeune garçon à Leningrad (URSS)
Représentation de ballet au Bolchoï Téatr, Moscou
(URSS)

In the beer garden of the "U Fleku" brewery in Prague
(Czechoslovakia)
Farmer with draught oxen in the Puszta (Hungary)
On the pilgrimage to Czestochowa (Poland)
Boy in Leningrad (USSR)
Ballet performance in the Bolshoi Theatre, Moscow
(USSR)

OSTEUROPA
EUROPE DE L'EST
EASTERN EUROPE

Moskau, der Rote Platz mit dem Kreml und der Basilius-kathedrale (UdSSR). Hier, wo einst die Handelsstraßen aus dem Süden des russischen Reiches und von Nordosten aus Nowgorod und Twer (Kalinin) zusammenliefen, lag früher der wichtigste Marktplatz Moskaus, der aber auch große Prozessionen, blutige Aufstände und Hinrichtungen sah. Inzwischen verbindet man mit dem Roten Platz eher das Bild von endlosen Paradeaufmärschen, mit denen Stalin und seine Nachfolger ihre Macht demonstrierten. Selbst die prächtige Basiliuskathedrale als südlicher Abschluß des Platzes zeugt ursprünglich vom Krieg: Zar Iwan der Schreckliche ließ sie zur Erinnerung an die Eroberung des Khanats Kasan errichten. Wenige Jahre nach seinem Tode wurde dem Bau eine Kapelle zu Ehren des seligen Basilius angefügt, der als Wandermönch die Taten seines Herr-schers standhaft angeprangert hatte. Freuen wir uns heute an dem friedlichen Treiben von Einheimischen und Besuchern auf dem großen Platz.

Moscou, la place Rouge avec le Kremlin et l'église de Basile-le-Bienheureux (URSS). C'est ici, à l'endroit où se rencontraient les routes commerciales venant du sud de l'empire russe et du nord-est, de Novgorod et de Tver (Kali-nine), que se trouvait la plus importante place du marché de Moscou qui vit également se dérouler de grandes pro-cessions, des révoltes sanglantes et des exécutions. Entre-temps, on associe plutôt la place Rouge à l'image des défilés sans fin avec lesquels Staline et ses successeurs firent la démonstration de leur pouvoir. Même la splendide église de Basile-le-Bienheureux, primitivement cathédrale de l'Intercession de la Vierge, rappelle la guerre : Ivan IV le Terrible la fit construire en souvenir de la victoire rempor-tée sur le khanat de Kazan. Quelques années après sa mort, on y ajouta une chapelle dédiée au bienheureux Basile, moine itinérant qui avait dénoncé avec véhémence les méfaits de son souverain. Réjouissons-nous aujourd'hui du spectacle qu'offrent les allées et venues paisibles des Mos-covites et des visiteurs sur la grande place.

Moscow, Red Square, with the Kremlin and St Basil's Cathedral (USSR). Here, where the trade routes from the south of the Russian Empire and from Novgorod and Tver (Kalinin) in the north-east converged, was once Moscow's most important market-place, which, on occasion, was also the scene of great processions, violent uprisings, and executions. Nowadays, however, Red Square is mostly associated with the vast military parades with which Stalin and his successors demonstrated their power. Even the magnificent Cathedral of St Basil, which closes the square in the south, was originally inspired by war: Ivan the Ter-rible had it erected in celebration of his conquest of the Khanate of Kazan. A few years after his death a chapel dedicated to St Basil the Blessed was added – an itinerant monk who had boldly criticized the deeds of the czar. But our scene, as the Moscovites go about their business in the sunshine, and tourists enjoy the sights, is fortunately a peaceful one.

146

Moskau, Terem-Palast des Kremls (UdSSR). Wie in vielen russischen Städten bildete im Mittelalter der Kreml auch in Moskau den stark befestigten Stadtkern. Seine über zwei Kilometer lange, mit zwanzig Türmen bestückte Mauer zieht sich am Nordufer der Moskwa im Dreieck um ein achtundzwanzig Hektar großes Areal, auf dem sich eine Vielzahl von Kirchen, Palästen und anderen Gebäuden drängt. Genannt seien die beiden von goldenen Kuppeln gekrönten Glockentürme, die Uspenski-Kathedrale als größte Kirche des Kremls, der Große Kremlpalast aus dem 19. Jahrhundert mit dem Sitzungssaal des Obersten Sowjets, der Facettenpalast, im 15. Jahrhundert für Krönungen und Audienzen errichtet, und daran anschließend der Terem-Palast. Dessen Ausstattung verbindet Stilelemente der italienischen Renaissance aus der Erbauungszeit Ende des 15. Jahrhunderts mit Motiven der russischen Volkskunst. Im Haus des Ministerrats der UdSSR an der Nordostmauer liegt das Arbeitszimmer Lenins, jenseits der Mauer am Roten Platz das große Lenin-Mausoleum.

Moscou, le palais Terem du Kremlin (URSS). Comme dans de nombreuses villes soviétiques, au Moyen Age, le Kremlin (citadelle) constituait à Moscou également le noyau très fortifié de la ville. Son mur long de plus de deux kilomètres, garni de vingt tours, entoure sur la rive nord de la Moskova un triangle de vingt-huit hectares de surface où se presse un grand nombre d'églises, palais et autres édifices parmi lesquels il convient de mentionner les deux clochers couronnés de coupoles dorées, la cathédrale de la Dormition ou Assomption (Ouspenski Sobor), la plus grande église du Kremlin, le Grand Palais du Kremlin datant du XIXe siècle avec la salle de réunion du Soviet Suprême, le palais à Facettes, édifié au XVe siècle pour les couronnements et les audiences et enfin le palais Terem. Son aménagement conjugue des éléments de style de la Renaissance italienne de l'époque de sa construction à la fin du XVe siècle avec des motifs empruntés à l'art populaire russe. Dans le bâtiment du conseil des ministres de l'URSS au nord-est de l'enceinte se trouve le cabinet de travail de Lénine et, de l'autre côté du mur, sur la place Rouge le grand mausolée de Lénine.

Moscow, Terem Palace in the Kremlin (USSR). In the Middle Ages, many Russian towns had a Kremlin – a strongly fortified central enclosure. The Moscow Kremlin, whose wall, with its twenty towers, extends for over a mile and a half, is on the north bank of the River Moskva. Shaped like a triangle, it encloses an area of twenty-eight hectares with numerous churches, palaces, and other buildings. These include two clock-towers with golden cupolas, the Uspenski Cathedral (the Kremlin's largest church), the Great Palace, built in the 19th century, with the assembly hall of the Supreme Soviet, the Granovitaya Palace, built in the 15th century for coronations and audiences, and the adjacent Terem Palace, whose interior combines stylistic elements of the Italian Renaissance from the time of its erection at the end of the 15th century with Russian folk art. The House of the USSR Ministerial Council on the north-east wall contains Lenin's study, and on the other side of the wall, on Red Square, is the great Lenin Mausoleum.

149

◀ **Susdal, Sankt-Nikolaus-Kirche und Roschdestwenski-Kathedrale (Russische SFSR, UdSSR).** Die Winterstille um diese beiden ehrwürdigen Kirchen läßt noch immer etwas von dem Geist östlicher Frömmigkeit erahnen, die diesen Ort beherrschte. Von der großen Zeit Susdals, einst Sitz eines Erzbischofs, zeugen noch zahlreiche Klöster und Kirchen, von denen die Roschdestwenski-Kathedrale mit ihren goldgestirnten blauen Kuppeln die älteste und eine der bedeutendsten ist.

▶ **Leningrad, die Admiralität (Russische SFSR, UdSSR).** Jenes andere, dem Westen zugekehrte Rußland verkörpert sich in Leningrad, dem Sankt Petersburg der Zaren. Das imposante Bauwerk der Admiralität ließ Peter der Große als Zentrum der Schiffswerft errichten. Der klassizistische Umbau erfolgte Anfang des 19. Jahrhunderts. Leningrad ist aber auch Symbol der Oktoberrevolution: Am 7. November 1917, dem 25. Oktober des damals noch geltenden Julianischen Kalenders, stürmten die Bolschewiki das Winterpalais, verhafteten die dort tagende Provisorische Regierung und setzten den »Rat der Volkskommissare« unter Führung Lenins als Regierung ein.

◀ **Souzdal', l'église Saint-Nicolas et la cathédrale de la Nativité (RSFS de Russie, URSS).** Le calme hivernal qui entoure ces deux vénérables églises donne une idée de la piété orientale qui a régné dans cet endroit. De nombreux monastères et églises – dont la cathédrale de la Nativité avec ses coupoles bleues constellées d'étoiles dorées est la plus ancienne et l'une des plus importantes – témoignent encore de la grande époque de Souzdal' qui fut autrefois le siège d'un archevêché.

▶ **Leningrad, l'Amirauté (RSFS de Russie, URSS).** L'autre Russie, celle est qui est tournée vers l'Occident, est incarnée par Leningrad, le Saint-Pétersbourg des tsars. L'imposant édifice de l'Amirauté fut construit sous Pierre le Grand comme centre des chantiers navals. Les transformations dans le style néo-classique eurent lieu au début du XIXe siècle. Mais Leningrad est également le symbole de la révolution d'Octobre: le 7 novembre 1917 (le 25 octobre du calendrier julien encore en vigueur à l'époque), les bolcheviks assaillirent le palais d'Hiver, arrêtèrent les membres du gouvernement provisoire qui y siégait et installèrent le «Conseil des commissaires du peuple» comme gouvernement sous la direction de Lénine.

◀ **Suzdal, Church of St Nicholas, and Roshdestvenski Cathedral (Russian SFSR, USSR).** The wintry setting for these two venerable churches seems to echo the atmosphere of Orthodox piety. The golden age of Suzdal, once the seat of an archbishop, is still reflected in its numerous monasteries and churches, of which the Roshdestvenski Cathedral, with its blue cupolas studded with golden stars, is the oldest and one of the most important.

▶ **Leningrad, the Admiralty (Russian SFSR, USSR).** The western-looking part of Russia is epitomized by Leningrad, the St Petersburg of the czars. The imposing Admiralty building was erected by Peter the Great as the centre of the ship-building docks; its Classicist reconstruction was carried out in the early 19th century. But Leningrad is also a symbol of the October Revolution: on 7th November 1917 (25th October by the then still valid Julian calendar) the Bolsheviks stormed the Winter Palace, arrested the provisional government meeting there, and set up the "Council of People's Commissars" as government under the leadership of Lenin.

Nowgorod, Jurjew-Kloster (Russische SFSR, UdSSR).
Dort wo der Ilmensee seine Wasser in dem breiten, schilf-
gesäumten Strom des Wolchow nach Norden entläßt,
erhebt sich am Ufer seit bald neunhundert Jahren das
Jurjew-Kloster mit den drei Kuppeln seiner Georgskirche.
Nowgorod, wie Susdal einst Hauptstadt eines unabhängi-
gen Fürstentums, zählt zu den ältesten Städten Rußlands.
Die ausgedehnten Handelsbeziehungen seiner Kaufleute
bis nach Byzanz, nach Skandinavien und Westeuropa
brachten Reichtum, der auch Kultur und Bildung aufblü-
hen ließ. Doch nach der Unterwerfung durch die Großfür-
sten von Moskau sank Nowgorod zur Provinzstadt herab.
Erst die Zeit nach der Oktoberrevolution brachte mit der
Industrialisierung neue Bedeutung hierher.

**Novgorod, le monastère Iourievski (RSFS de Russie,
URSS).** À l'endroit où le Volkhov sort du lac Ilmen, où il
prend sa source, s'élève sur sa rive, depuis près de neuf
siècles, le monastère Iourievski avec la cathédrale Saint-
Georges surmontée de trois coupoles. Novgorod, qui fut
comme Souzdal' autrefois la capitale d'une principauté
indépendante, compte parmi les plus anciennes villes de
Russie. Les relations commerciales que ses marchands
entretinrent jusqu'à Byzance, jusqu'en Scandinavie et en
Europe occidentale firent sa prospérité et elle devint un
centre de la civilisation russe. Mais après avoir été assujet-
tie par les princes de Moscou, Novgorod fut ravalée au rang
de ville de province. C'est seulement après la révolution
d'Octobre qu'elle reprit de l'importance avec l'industrialisation.

Novgorod, Jurjev Monastery (Russian SFSR, USSR). The
nine-hundred-year-old Jurjev Monastery, and its famous
St George's Church with three cupolas, lies at the point
where Lake Ilmen discharges its waters northwards into the
broad, reedy Volkhov River. Novgorod – which, like Suzdal,
was once the capital of an independent princedom – is one
of Russia's oldest towns. The trading activities of its merchants, extending to Byzantium, Scandinavia, and western
Europe, brought prosperity and a high level of culture to
the city. But after it had been captured and destroyed by
the tsars of Moscow it was reduced to merely provincial
status. Industrialization since the October Revolution has
given it new importance.

153

Schloß Schwalbennest bei Mischor auf der Krim (Ukrainische SSR, UdSSR). Keck an eine Felsklippe geklebt, erinnert das neugotische Phantasieschlößchen Schwalbennest (Lastočkino gnezdo) an das Ende des 19. Jahrhunderts, als sich der russische Adel hier im milden Klima und über den blauen Fluten der Schwarzmeerküste eine eigene Côte d'Azur schuf. Doch nicht lange währte das Besitzerglück über solch luxusgeborene Anwesen. Mit der Oktoberrevolution kam die Enteignung, und aus Villen und Palästen wurden Erholungsheime für die werktätige Bevölkerung. Allein das Schwalbennest blieb so nutzlos, wie es klein ist.

Le «Nid d'hirondelles», un petit château près de Mishor en Crimée (Ukraine, URSS). Audacieusement perché sur un écueil, ce petit château néo-gothique (Lastočkino gnezdo) rappelle l'époque de la fin du XIXᵉ siècle lorsque la noblesse russe aménagea ici sa Côte d'Azur sous un doux climat et au-dessus des flots bleus de la côte de la mer Noire. Mais son bonheur fut de courte durée. Car avec la révolution d'Octobre vinrent les expropriations et les villas et les palais furent transformés en maisons de repos pour les travailleurs. Seul le «Nid d'hirondelles», trop petit, resta inutilisé.

"Swallow's Nest Castle", near Mishor on the Crimea (Ukrainian SSR, USSR). "Swallow's Nest Castle" (Lastočkino gnezdo), a Gothic Revival extravagance perched on a rocky outcrop, is a reminder of the period towards the end of the 19th century when the Russian aristocracy created its own Côte d'Azur in the mild climate here above the blue waters of the Black Sea. But the proud owners did not enjoy their luxury quarters for long, because after the October Revolution they were confiscated and converted into rest homes for the 'working classes'. The Swallow's Nest, however, was spared this fate, as it was too small for any such purpose.

154

Parzellenfelder in den Beskiden (Woiwodschaft Krakau, Polen). Tiefe Wälder und der endlose Wirkteppich schmaler Felder prägen in weiten Gebieten Polens wie hier in den nördlichen Gebirgsketten der Karpaten das Bild der Landschaft. Wo fruchtbare Böden den Ackerbau zulassen, haben frühere Generationen schon großzügig gerodet und das Land aufgeteilt, dessen Besitz die ansässigen Kleinbauern mühsam verteidigen. Für die Durchsetzung moderner Wirtschaftsmethoden fehlt es an Organisation und Kapital, an Straßen, Transportmitteln und Maschinen. Die benachbarten Industriezentren liefern nicht nur den nötigen Dünger, sondern verseuchen mit ihren Giften auch Luft und Boden, so daß der paradiesische Frieden trügt.

Paysage des Beskides (voïvodie de Cracovie, Pologne). Des forêts épaisses et le tapis sans fin aux couleurs changeantes que forment les champs étroits caractérisent l'aspect de vastes régions de Pologne comme ici dans la chaîne septentrionale des Carpates. Là où des terres fertiles se sont prêtées à la culture, elles ont été défrichées à grande échelle par les générations précédentes et partagées en propriétés que les petits paysans défendent à grand-peine. L'application de méthodes d'exploitation modernes se heurte à l'absence d'organisation et de capitaux, de routes, de moyens de transport et de machines. Les centres industriels voisins ne livrent pas seulement les engrais nécessaires, ils polluent également l'air et le sol avec leurs produits toxiques de sorte que cette impression paradisiaque est trompeuse.

Patchwork of fields in the Beskid Mountains (Voivodship Cracow, Poland). Extensive forests and an endless patchwork of narrow fields characterize large areas of Poland – as here in the northern Carpathians. Wherever the ground was fertile enough, earlier generations cleared the forests and cultivated the soil. The local farmers cling to their individual patches, and the inadequate infrastructure and lack of machinery prevent the introduction of modern farming methods. Local industrial centres provide fertilizers, but also pollute the air and soil with their emissions, so that the paradisaical impression is deceptive.

◀ **Gdańsk/Danzig, Altstadt mit Rathaus, Marienkirche und Krantor (Polen).** Das alte Danzig wurde als Hansestadt durch den Ostseehandel wohlhabend. Sein einstiger Reichtum verkörpert sich in stattlichen Kirchen und Bürgerhäusern. Die ehemals deutsche Stadt kam nach dem Zweiten Weltkrieg schwer zerstört an Polen. Umsichtig hat man die Meisterwerke alter Baukunst aus Gotik und Renaissance wieder aufgebaut.

▶ **Debno/Neudamm, Holzkirche aus dem 15. Jahrhundert (Woiwodschaft Stettin, Polen).** Das ehemals deutsche Städtchen Neudamm nicht weit östlich des Unterlaufs der Oder liegt in der historischen Landschaft Pommern, die im Laufe der Jahrhunderte immer wieder unter eine neue Oberherrschaft kam: Polen, das Reich, Dänemark, Brandenburg und Preußen, Schweden wechselten mehrfach ab. Als Folge des Zweiten Weltkriegs wurde das Land östlich von Oder und Neiße polnisch.

▶▶ **Toruń/Thorn an der Weichsel (Polen).** Die alte Hansestadt, heute ein lebhafter Industriestandort und Sitz einer Universität, konnte aus ihrer Blütezeit viele schöne Bauten erhalten. Der 1473 in Thorn geborene Astronom Nikolaus Kopernikus erkannte, daß nicht die Erde, sondern die Sonne das Zentrum unseres Planetensystems ist.

◀ **Gdańsk/Danzig, la Vieille Ville avec l'hôtel de ville, l'église Notre-Dame et la porte de grue (Pologne).** Le commerce sur la Baltique a fait la prospérité de l'ancienne ville hanséatique de Danzig dont la richesse passée est attestée par d'imposantes églises et maisons bourgeoises. La ville, qui fut autrefois allemande, est revenue à la Pologne presque entièrement détruite après la Deuxième Guerre mondiale. Les chefs-d'œuvre du gothique et de la Renaissance ont toutefois été reconstruits avec beaucoup de soin.

▶ **Debno/Neudamm, église en bois du XVe siècle (voïvodie de Szczecin).** L'ancienne petite ville allemande de Neudamm, située non loin à l'est du cours inférieur de l'Oder (Odra), se trouve dans la région historique de Poméranie qui, au cours des siècles, changea plusieurs fois de régime: la Pologne, l'Allemagne, le Danemark, le Brandebourg et la Prusse, la Suède s'y relayèrent à plusieurs reprises. Par suite de la Deuxième Guerre mondiale, le pays à l'est de l'Oder-Neisse devint polonais.

▶▶ **Toruń/Thorn sur la Vistule (Pologne).** L'ancienne ville hanséatique, aujourd'hui un centre industriel animé et siège d'une université, a pu conserver de nombreux beaux édifices de sa période florissante. L'astronome Nicolas Copernic, qui y naquit en 1473, découvrit que ce n'est pas la terre mais le soleil qui est au centre de notre système planétaire.

◀ **Gdańsk/Danzig, the Old Town with city hall, St Mary's Church, and Crane Gate (Poland).** Danzig joined the Hanseatic League in the 13th century, and became an important Baltic port. Its prosperity was expressed in fine churches and town houses. A German town for long periods of its history, it passed to Poland after the second world war, during which it suffered massive damage. The great Gothic and Renaissance buildings have been meticulously restored.

▶ **Debno, 15th century wooden church (Voivodship Szczecin).** This little town, called Neudamm in its German time, is in the historical region of Pomerania, which has bowed to many different authorities in the course of the centuries: Poland, the German Empire, Denmark, Brandenburg and Prussia, and Sweden. After the second world war the region to the east of the rivers Oder and Neisse became Polish.

▶▶ **Torún/Thorn on the Vistula (Poland).** This old Hanseatic town, today a lively industrial centre with a university, has preserved many of the fine buildings of its most prosperous period. Nicolaus Copernicus, the Polish astronomer who was born in Thorn in 1473, demonstrated that the sun, and not the earth, is the centre of our planetary system.

Prag, Blick über die Moldau auf den Hradschin mit dem Sankt-Veits-Dom (ČSFR). Durch gewundene Gassen und über steile Treppen kann man von der barock geschmückten Karlsbrücke hinaufsteigen zum Hradschin, der ehemaligen Burg. Die heutige Hauptstadt der Tschechoslowakei, eine der schönsten Städte Europas, diente schon im 14. Jahrhundert Kaiser Karl IV. als östliche Residenz, und er gründete hier 1348 die erste Universität des Heiligen Römischen Reiches. Der gotische Veitsdom als sakrales Zentrum des Hradschin blickt über die Stadt, die im Barock von Klerus, Adel und reicher Bürgerschaft mit stattlichen Bauwerken geschmückt wurde.

Prague, vue au-dessus de la Vltava sur le Hradčany avec la cathédrale Saint-Guy (Tchécoslovaquie). Du pont Charles à l'ornementation baroque, des ruelles tortueuses et des escaliers raides mènent au Hradčany, l'ancien palais. L'actuelle capitale de la Tchécoslovaquie, une des plus belles villes d'Europe, eut la faveur au XIVᵉ siècle de l'empereur Charles IV qui en fit sa résidence orientale et y créa en 1348 la première université du Saint Empire romain germanique. La cathédrale Saint-Guy, un édifice gothique à l'intérieur du Hradčany, domine la ville qui, à l'époque du baroque, fut dotée d'imposantes constructions par le clergé, la noblesse et la riche bourgeoisie.

Prague, view across the Vltava of the Hradčany Palace and St Vitus's Cathedral (Czechoslovakia). From Charles Bridge, with its fine Baroque statues, winding lanes and steep steps lead up to Hradčany Palace, the former castle. Prague, capital of Czechoslovakia since 1918, and one of Europe's most beautiful towns, already served Emperor Charles IV as his eastern capital in the 14th century, and he founded the first university of the Holy Roman Empire here in 1348. The Gothic Cathedral of St Vitus, the spiritual centre of the Hradčany Palace, looks down upon the city, which in the Baroque period was endowed with numerous fine buildings by the clergy, aristocracy, and rich burghers.

▶ **Spišske Podhradié/Kirchdrauf, die Zipser Burg (Ost-slowakei, ČSFR).** Die Burg auf dem zum Städtchen steil abfallenden Felsen war einst eine gefürchtete Zwingburg. Dennoch konnten die Zipser Sachsen, Nachkommen der vor siebenhundert Jahren von ungarischen Königen aus Schlesien, Mittel- und Süddeutschland ins Land geholten Siedler und Bergleute, jahrhundertelang ihr eigenes Brauchtum pflegen. Seit 1945 ist das Zipser Becken haupt-sächlich von Slowaken besiedelt.

▶▶ **Český Krumlov/Böhmisch-Krumau an der Moldau (Südböhmen, ČSFR).** Die sechshundert Jahre alte Burg wacht noch immer über dem Städtchen am Südostrand des Böhmerwaldes, in dem die beiden Quellflüsse der Moldau entspringen. Die vielen zweisprachigen Ortsnamen in Ost- und Südosteuropa zeugen von einer Zeit, als das dynasti-sche Prinzip mit Erbfolge und kriegerischer Eroberung noch weit stärker war als alle Nationalismen und die verschiedenen Volksgruppen noch neben- und miteinan-der lebten.

▶ **Spišske Podradié/Kirchdrauf, le château de Zips (Slo-vaquie-Orientale, Tchécoslovaquie).** Le château sur le rocher qui descend en pente raide vers la petite ville était autrefois une citadelle redoutée. Néanmoins, les Saxons de Zips, descendants des colons et mineurs que les rois hon-grois avaient fait venir de Silésie, d'Allemagne centrale et du Sud, purent pendant des siècles conserver ici leurs cou-tumes. Depuis 1945, le bassin de Zips est essentiellement habité par des Slovaques.

▶▶ **Český Krumlov/Böhmisch-Krumau sur la Vltava (Bohême méridionale, Tchécoslovaquie).** Le château, vieux de six siècles, veille toujours sur la petite ville en bordure sud-est de la forêt de Bohême où la Vltava prend sa source. Les nombreux noms de localités en deux lan-gues en Europe de l'Est et du Sud-Est témoignent d'une époque où le principe dynastique avec succession et guerres de conquête était encore beaucoup plus fort que tous les nationalismes et où les différents groupes ethni-ques vivaient en bons termes.

▶ **Spišske Podhradié/Kirchdrauf, Zips Castle (East Slova-kia, Czechoslovakia).** The castle on the steep hill above the little town was once a formidable place. The region it domi-nated was settled seven hundred years ago by people from Silesia and central and southern Germany, called here by the Hungarian kings. For centuries they preserved their own language and customs, but many changes have taken place since 1945, and the region is now populated mainly by Slovaks.

▶▶ **Český Krumlov/Böhmisch-Krumau, on the Vltava (South Bohemia, Czechoslovakia).** The six-hundred-year-old castle still guards this little town on the south-east fringe of the Bohemian Forest, where the two source streams of the Vltava rise. The many bilingual names in east and south-east Europe are relics of a period when the dynastic principle was far stronger than national senti-ments, and the various ethnic groups lived peacefully together.

▶ **Budapest, die Kettenbrücke über die Donau mit dem Burgberg von Buda und der Liebfrauen- oder Matthias-kirche (Ungarn).** Die ungarische Hauptstadt trug neben Wien viel zum Charme der alten k. u. k. Donaumonarchie bei (wovon das erste K für die österreichische Kaiserkrone, das zweite für die ungarische Königskrone stand). Öster-reich-Ungarn zerbrach 1918, die ehemals selbständigen Städte Buda und Pest zu beiden Seiten der Donau sind seit 1872 untrennbar zusammengewachsen, durch acht Brük-ken auch verkehrsmäßig miteinander verbunden.
▶▶ **Die »Neunlöchrige Brücke« in der Pußta von Hor-tobágy (Ungarn).** Die schilfbestandenen Ufer des träge dahinfließenden Wassers geben noch einen Eindruck davon, wie Moore, Sümpfe und Auwälder früher das Über-schwemmungsgebiet der Theiß überzogen. Seit der Fluß Mitte des 19. Jahrhunderts reguliert wurde, breitete sich die Pußta aus. Und inzwischen ist das zunächst reine Step-pen- und Weideland durch systematische Be- und Entwäs-serung sogar weithin zum intensiv genutzten Ackerland geworden.

▶ **Budapest, le pont suspendu sur le Danube avec la ville haute de Buda et l'église Notre-Dame ou église Saint-Matthias (Hongrie).** La capitale hongroise a, avec Vienne, beaucoup contribué au charme de l'ancienne double monarchie danubienne. L'Empire austro-hongrois se dislo-qua en 1918 mais les deux villes autrefois indépendantes de Buda et Pest des deux côtés du Danube ont, depuis 1872, grandi ensemble et sont reliées par huit ponts.
▶▶ **Le «pont à neuf trous» dans la puszta d'Hortobágy (Hongrie).** Les rives du cours d'eau paresseux ourlé de roseaux rappellent l'époque où les marécages, les prairies et les bois recouvraient la région de crue de la Tisza. À partir de la régularisation du fleuve, au milieu du XIXᵉ siè-cle, la puszta s'est étendue mais, entretemps, ce qui était une région de steppe et de pâturages a été transformée, grâce à des travaux d'irrigation et de drainage systémati-ques, en une région où l'on pratique même une culture intensive.

▶ **Budapest, the Chain Bridge across the Danube with the Castle Hill of Buda and the Church of the Blessed Virgin Mary, or Matthias Church (Hungary).** The Hungarian capital was the eastern pendant to Vienna during the days of the Dual Monarchy of Austria-Hungary. The Dual Monar-chy collapsed in 1918, but the two towns of Buda and Pest on either side of the Danube, connected by eight bridges, have been inseparably united since 1872.
▶▶ **The 'Bridge of Nine Holes', in the Hortobágy Puszta (Hungary).** The reedy banks of the sluggish river recall the times when bogs, swamps, and water-meadows dominated the flood-plain of the Tisza River. Once the river was regu-lated in the middle of the 19th century, however, the puszta – dry grassland – at first took over. But in the meantime the puszta, at first used simply for grazing, has largely been converted for intensive farming purposes by systematic irrigation and draining.

Porzellanmaler in Meißen (Sachsen, Deutschland)
Senn in einer Käserei (Kanton Bern, Schweiz)
Bergbauer in Tracht (Kanton Obwalden, Schweiz)
Schachspieler in einem Wiener Caféhaus (Österreich)
Prozession an Mariä Himmelfahrt im Zillertal (Tirol, Österreich)

Peintre sur porcelaine à Meissen (Saxe, Allemagne)
Vacher dans une fromagerie (Canton de Berne, Suisse)
Paysan montagnard en costume traditionnel (Canton d'Obwald, Suisse)
Joueurs d'échecs dans un café de Vienne (Autriche)
Procession de l'Assomption dans le Zillertal (Tyrol, Autriche)

Porcelain painter in Meissen (Saxony, Germany)
Cheese-maker at work (Canton Berne, Switzerland)
Mountain farmer in local costume (Canton Obwalden, Switzerland)
Chess players in a Vienna café (Austria)
Procession on the Feast of the Assumption in the Zill Valley (Tyrol, Austria)

MITTELEUROPA
EUROPE CENTRALE
CENTRAL EUROPE

◀ **Fronleichnamsprozession auf dem Hallstätter See (Oberösterreich, Österreich).** Jedes Jahr am zweiten Donnerstag nach Pfingsten wird Fronleichnam auf dem Hallstätter See in einer besonders festlichen Schiffsprozession begangen.
▶ **Mörbisch am Neusiedler See (Burgenland, Österreich).** Nicht weit von der ungarischen Grenze liegt an dem abflußlosen Steppensee dieses idyllische Dorf mit den typischen Hofgassen und traulichen Laubenhäusern. Das milde Seeklima und die Sommerwärme lassen Früchte und Blumen im Überfluß gedeihen, aber auch einen vorzüglichen Wein. Unter den schützenden Vordächern trocknet im Herbst der goldene Mais. Das Schilfrohr, das den flachen See in einem bis zu 3000 Meter breiten Gürtel umgibt, wird zu Körben, Matten und anderem Geflecht verarbeitet.

◀ **Procession de la Fête-Dieu sur le lac de Hallstatt (Haute-Autriche, Autriche).** Chaque année, le deuxième jeudi après la Pentecôte, la Fête-Dieu est célébrée par une très belle procession en bateau sur le lac de Hallstatt.
▶ **Mörbisch am See (Burgenland, Autriche).** Ce village idyllique avec ses ruelles typiques et ses sympathiques maisons à arcades est situé non loin de la frontière hongroise au bord du lac de Neusiedl, un curieux lac de steppe sans écoulement. Grâce au climat tempéré du lac et à ses étés chauds, la région donne des fruits et des fleurs à profusion et un excellent vin. En automne, le maïs doré sèche à l'abri sous les avant-toits. Les roseaux, qui entourent le lac peu profond d'une ceinture atteignant 3000 mètres à certains endroits, servent à la confection de paniers, nattes et autres objets de vannerie.

◀ **Corpus Christi Procession on Lake Hallstatt (Upper Austria, Austria).** The boats are prettily decorated for the floating Corpus Christi procession which takes place on the Hallstätter See every year on the second Thursday after Whitsun.
▶ **Mörbisch on Neusiedler Lake (Burgenland, Austria).** This idyllic village, not far from the Hungarian border, with the picturesque lanes-cum-courtyards typical of the region, is situated on the shore of the shallow Neusiedler Lake, which has no natural outlet. The mild lakeside climate and warm summers ensure an abundance of fruit and flowers – and also excellent wine. In autumn, golden bunches of maize are hung up to dry under the eaves of the houses. The reeds that form a belt of up to 3,000 metres wide round the lake are used to make baskets, mats, and similar articles.

◀ **Oberleutasch bei Seefeld (Tirol, Österreich).** Der flache Talboden zwischen dem Wettersteingebirge und der Mieminger Kette nimmt die Häuser und das Kirchlein von Oberleutasch auf. Im Winter lassen die Berggipfel nur für wenige Stunden Sonne in das geschützte Tal dringen.

▶ **Wien, der Stephansdom und Sankt Peter (Österreich).** Wer würde sie nicht kennen, die markante Silhouette des »Steffl«, wie die Wiener ihn liebevoll nennen, mit dem nadelspitzen, oben durchbrochenen Südturm und dem riesigen, mit buntglasierten Ziegeln gedeckten Steildach. Der gotische Dom birgt eine Fülle kunstgeschichtlich wertvoller Altäre und Grabmäler. Die »Pummerin« in seinem Glockenturm, eine der größten Glocken der Welt, wurde einst aus dem Metall von 180 erbeuteten türkischen Kanonen gegossen. Die barocke Peterskirche wurde nach der Abwendung der Türkengefahr erbaut.

◀ **Oberleutasch près de Seefeld (Tyrol, Autriche).** Les maisons et la petite église d'Oberleutasch sont situées dans une vallée à fond plat entre le Wetterstein et la Mieminger Kette. En hiver, la vallée abritée par les montagnes n'a que quelques heures d'ensoleillement.

▶ **Vienne, la cathédrale Saint-Étienne et l'église Saint-Pierre (Autriche).** La silhouette du «Steffl», le diminutif donné par les Viennois à leur cathédrale, est facilement reconnaissable avec sa flèche élancée et ajourée et son toit raide aux tuiles vernissées. La cathédrale gothique abrite un grand nombre de précieux autels et monuments funéraires. Dans son clocher, la «Pummerin», une des plus grandes cloches du monde, a été fondue jadis avec le métal de 180 canons pris aux Turcs. L'église Saint-Pierre, de style baroque, fut construite après que le péril turc eut été écarté.

◀ **Oberleutasch, near Seefeld (Tyrol, Austria).** The flat valley floor between the Wetterstein Group and the Mieming Range provides enough space for the few houses and the little church of Oberleutasch. In winter the sun penetrates into the valley for only a few hours a day.

▶ **Vienna, St Stephen's Cathedral and Saint Peter's Church (Austria).** Who would not recognize the striking silhouette of "Steffl", as the Viennese affectionately call their Gothic cathedral, with its slim, pierced spire and great steep roof, covered with colourful glazed tiles. The interior contains many precious altars and tombs. The cathedral's main bell – one of the world's largest – was cast out of the metal from 180 captured Turkish cannon. St Peter's was built in the Baroque period, after the Turkish threat had been averted.

◀ **Hallstatt am Hallstätter See (Oberösterreich, Österreich).** Schon die Kelten zog es an diesen dunklen Alpensee. In seiner Nähe waren Kupfer und Steinsalz zu finden, schon damals wertvolle Handelsgüter.

▶ **Salzburg, der Dom und die Festung Hohensalzburg (Österreich).** Die festliche Stadt am Rande der Alpen erhielt ihr barockes Gepräge von den Fürstbischöfen, nachdem sie ihre Residenz von der hohen Festung herunterverlegt hatten ins Tal der Salzach. Wenn man durch die Gäßchen der Altstadt spaziert, mögen ein paar Takte Musik aus einem Fenster daran erinnern, daß hier am Grünmarkt 1756 Mozart zur Welt kam. Die Fassade des Domes ist seit 1920 alljährlich während der Festspiele die Kulisse für Hugo von Hofmannsthals »Jedermann«, das Schauspiel vom Leben und Sterben des reichen Mannes.

◀ **Hallstatt au bord du lac de Hallstatt (Haute-Autriche, Autriche).** Les Celtes déjà furent attirés par ce lac de montagne aux eaux sombres. Il y avait à proximité du cuivre et du sel gemme, de précieuses marchandises déjà à l'époque.

▶ **Salzbourg, la cathédrale et la forteresse de Hohensalzburg (Salzbourg, Autriche).** Ce sont les princes évêques qui donnèrent son cachet baroque à la ville des festivals en bordure des Alpes après qu'ils eurent transféré leur résidence de la haute forteresse dans la vallée de la Salzach. Au visiteur qui flâne dans les ruelles de la Vieille Ville puissent quelques mesures de musique échappées d'une fenêtre rappeler que Mozart a vu ici le jour au Grünmarkt en 1756. Depuis 1920, la façade de la cathédrale sert chaque année de coulisses, pendant le festival, au «Jedermann» de Hugo von Hofmannsthal, le spectacle de la vie et de la mort de l'homme riche.

◀ **Hallstatt on Lake Hallstatt (Upper Austria, Austria).** The shores of this dark Alpine lake were already settled in Celtic times. Copper and salt – already valuable articles of trade – were found nearby.

▶ **Salzburg, the Cathedral and Hohensalzburg Castle (Austria).** Salzburg was given its Baroque image after the prince bishops had transferred their residence from the castle down to the town on the River Salzach. Now Salzburg is primarily associated with Mozart, who was born in one of the fine, pre-Baroque houses in the old town. Since 1920, the cathedral façade has provided the setting for performances of Hofmannsthal's 'Jedermann', a revival of the medieval morality play 'Everyman', during the annual Salzburg Festival.

◀ **Der Körbersee am Hochtannbergpaß vor der Künzel-spitze (Vorarlberg, Österreich).** Zwei Seen blinken an der Hochtannbergstraße auf ihrem kurvenreichen Weg vom Tal der Bregenzer Aach zum obersten Lechtal zwischen Schröcken und Warth: der Körbersee und dicht unterhalb der Paßhöhe noch der Kälbelesee.
▶ **Der Flexenpaß gegen das Rätikon (Vorarlberg, Österreich).** Von Warth aus nach Süden erklimmt die Flexen-straße mit kunstvollen Galeriebauten vom Lechtal her den Paß und erreicht am Arlberg die West-Ost-Verbindung zwischen dem Klostertal in Vorarlberg und dem Stanzertal in Tirol.

◀ **Le Körbersee au Hochtannbergpass devant la Künzel-spitze (Vorarlberg, Autriche).** La route sinueuse du Hoch-tannberg, qui mène de la vallée de la Bregenzer Ache à la vallée supérieure du Lech entre Schröcken et Warth, fait découvrir deux lacs: le Körbersee et, juste un peu en dessous du col, le Kälbelesee.
▶ **Le Flexenpass et le Rätikon (Vorarlberg, Autriche).** De Warth en direction du sud, la Flexenstrasse monte, à partir de la vallée du Lech, jusqu'au col et rejoint à l'Arlberg la voie de communication ouest-est entre le Klostertal dans le Vorarlberg et le Stanzertal dans le Tyrol.

◀ **Lake Körber on the Hochtannberg Pass, with Mt Künzelspitze (Vorarlberg, Austria).** Two lakes near the Hochtannbergroad, which winds its way from the valley of the Bregenzer Aach to the top of the Lech Valley between Schröcken and Warth, reflect the sky: Lake Körber, and, just below the top of the pass, Lake Kälbele.
▶ **Flexen Pass, with the Rätikon Group (Vorarlberg, Austria).** Running southwards from Warth, the Flexen road climbs from the Lech Valley to the pass, and on Mt Arlberg joins the west-east connection between Kloster Valley in Vorarlberg and Stanz Valley in Tyrol.

◀ **Schloß Vaduz und Rotes Haus (Liechtenstein).** Über der Hauptstadt Vaduz thront das mittelalterliche Schloß als fürstliche Residenz. Das souveräne Fürstentum Liechtenstein ist als Zwergstaat eine Besonderheit auf der Landkarte Europas. Zunehmende Industrialisierung seit dem Zweiten Weltkrieg und nach wie vor bedeutender Fremdenverkehr in der großartigen Bergwelt blühen einträchtig nebeneinander.

▶ **Zürich, das Großmünster am Limmatquai (Schweiz).** Die beiden Türme des romanischen Münsterbaus überragen als Wahrzeichen die größte Stadt und zugleich das Handels- und Finanzzentrum der Eidgenossenschaft. Auch die Konzentration von Hochschulen, Theatern und Museen internationalen Renommees wirkt als Magnet, nicht zu vergessen die Lage der Stadt an der Nordspitze des langgestreckten Zürichsees.

◀ **Le château de Vaduz et la Maison Rouge (Liechtenstein).** La résidence princière, imposante forteresse médiévale, trône au-dessus de Vaduz, la capitale. Ce mini-État souverain que constitue la principauté du Liechtenstein est une particularité sur la carte de l'Europe. Une industrialisation croissante depuis la Deuxième Guerre mondiale et une activité touristique toujours importante cohabitent avec bonheur dans cette merveilleuse région de montagne.

▶ **Zurich, le Grossmünster sur le quai de la Limmat (Suisse).** Les deux tours de la cathédrale romane sont les symboles de la plus grande ville de la Suisse qui est en même temps une métropole commerciale et financière. Les grandes écoles, les théâtres et les musées de renommée internationale font également l'attrait de cette ville, sans oublier sa situation sur le lac qui porte son nom.

◀ **Vaduz Castle and the Rotes Haus (Liechtenstein).** The medieval castle above Vaduz, the capital of Liechtenstein, is still the princely residence. The sovereign Principality of Liechtenstein is only a tiny patch on the map of Europe. But increasing industrialization since the second world war, and a flourishing tourist industry, plus its importance as a financial centre, have made it a prosperous patch.

▶ **Zürich, the Grossmünster (Cathedral) on Limmat Quay (Switzerland).** The twin towers of the Romanesque minster dominate the skyline of Zurich, Switzerland's largest town and its commercial and financial capital. The large number of institutions of higher education, theatres, and museums of international standing, plus its site at the northern tip of Lake Zürich, draw more and more people to the city.

◀ **Locarno am Lago Maggiore, Madonna del Sasso (Tessin, Schweiz).** Die einzigartige Mischung von südlicher Heiterkeit und modernem Gewerbefleiß trägt sehr zur Beliebtheit des Tessin bei. Locarno, an der Einmündung der Maggia in den Langensee gelegen, gehörte bis 1513 zum Herzogtum Mailand, so daß Bevölkerung und Ortsbild noch überwiegend italienisch geprägt sind. Im geschützten Seeklima gedeihen Feigen, Oliven und Lorbeer. Von der Wallfahrtskirche Madonna del Sasso aus bietet sich der schönste Ausblick.

▶ **Lavertezzo im Verzascatal (Tessin, Schweiz).** Wildromantisch erweist sich das Tal der Verzasca, dieses dreißig Kilometer langen, grünlich dahinschießenden Bergbachs. In 550 Meter Höhe liegt im klaren Licht der Berge das Dorf Lavertezzo, in dessen Nähe Marmor gebrochen wird.

◀ **Locarno sur le lac Majeur, Madonna del Sasso (Tessin, Suisse).** Ce singulier mélange de gaieté méditerranéenne et de dynamisme moderne contribue beaucoup à la popularité du Tessin. Locarno, à l'embouchure de la Maggia dans le lac Majeur, appartint jusqu'en 1513 au duché de Milan et sa population et son architecture sont encore en grande partie italiennes. Figuiers, oliviers et lauriers poussent dans cette région abritée au climat très doux. De l'église de pèlerinage de la Madonna del Sasso, on jouit d'une vue magnifique.

▶ **Lavertezzo dans le val Verzasca (Tessin, Suisse).** La vallée de la Verzasca, un torrent de montagne de trente kilomètres de long, est d'un romantisme sauvage. Situé à 550 mètres de hauteur, le village de Lavertezzo, dans les environs duquel on extrait du marbre, est baigné dans la claire lumière des montagnes.

◀ **Locarno on Lago Maggiore, Madonna del Sasso (Ticino, Switzerland).** The unique mixture of southern gaiety and modern industry have greatly contributed to Ticino's popularity. Locarno, at the entrance of the River Maggia into the lake, belonged to the Dukedom of Milan until 1513, and the people and architecture are still Italianate. Figs, olives, and laurel flourish in this sheltered area, the finest view of which is from the pilgrimage church of Madonna del Sasso.

▶ **Lavertezzo, in the Verzasca Valley (Ticino, Switzerland).** The Valley of the Verzasca, a twenty-mile-long mountain torrent, is a romantic beauty-spot. The village of Lavertezzo, at an altitude of 550 metres, is bathed in the clear light of the mountains.

Der Genfersee mit Blick auf Cully (Waadt, Schweiz). Wie die Ränge eines gewaltigen Naturtheaters breiten sich an den Sonnenhängen des Genfersees die Weinberge aus. Das großartige Bergpanorama setzt sich nach Süden fort bis zu Dreitausendern wie den Dents du Midi. Hübsche Dampferfahrten erschließen die Sehenswürdigkeiten der Landschaft. Starten wir am nördlichen Seeufer bei Cully, so läßt sich im Westen rasch Lausanne erreichen. Ebenso reizvoll ist die Fahrt gen Osten nach Vevey, Montreux und zum Schlößchen Chillon. Wer von Genf kommt, wird die Bootsfahrt am südlichen Ufer bevorzugen, die vorbei an Villen und hübschen Ortschaften zu den französischen Badeorten Thonon-les-Bains und Evian führt.

Le lac Léman avec vue sur Cully (Vaud, Suisse). Les vignobles qui s'étagent sur les versants ensoleillés du lac Léman ressemblent aux gradins d'un immense amphithéâtre naturel. Le magnifique panorama de montagne s'étend vers le sud jusqu'aux géants de trois mille mètres comme les Dents du Midi. Des bateaux à vapeur effectuent de ravissants circuits sur le lac. En prenant l'un d'eux sur la rive septentrionale du lac près de Cully en direction de l'ouest, on est bientôt à Lausanne. Le trajet vers l'est, vers Vevey, Montreux et le petit château de Chillon est également fort plaisant. Les visiteurs venant de Genève préféreront le circuit en bateau qui longe la côte méridionale avec ses belles villas et ses charmants villages et mène aux stations thermales françaises de Thonon-les-Bains et Evian.

Lake Geneva, with view of Cully (Vaud, Switzerland). The sunny terraces of the vineyards spread out above Lake Geneva like a tremendous natural amphitheatre. The magnificent mountain panorama extends southwards to three-thousand-metre giants like the Dents du Midi. Excursion boats take visitors on trips round the lake. If we follow their course westwards from Cully on the north shore, then we are soon in Lausanne. The trip eastwards to Vevey, Montreux, and Chillon Castle is equally delightful. Visitors setting out from Geneva might prefer the trip along the southern shore, past splendid villas and attractive villages, to the French resorts of Thonon-les-Bains and Evian.

187

◀ **Das Rosenlauital vor den Wellhörnern (Kanton Bern, Schweiz).** Das Berner Oberland rings um Grindelwald ist überreich an verlockenden Bergtouren mit phantastischen Aussichten und Gletscherblicken. Steigen wir im frühen Herbst zur Gschwandenmad hinauf, so reicht der Blick über dunkle Wipfel weit hinaus zum Rosenlauigletscher zwischen dem Dossenhorn (links, 3138 m) und den Wellhörnern (3191 m).
▶ **Mürren gegen Eiger und Mönch (Kanton Bern, Schweiz).** Gleichermaßen beliebt im frischen Sommer wie im schneereichen Winter ist das 1650 Meter hoch im Lauterbrunnental gelegene Mürren. Wollen wir das gesamte Alpenpanorama der Gegend genießen, so fahren wir mit der Seilbahn zum Allmendhubel hinauf, wo majestätisch Eiger, Mönch und Jungfrau in die Runde grüßen.

◀ **La vallée de Rosenlaui devant le Wellhorn (Canton de Berne, Suisse).** L'Oberland bernois tout autour de Grindelwald offre une profusion de séduisantes excursions en montagne avec des panoramas fantastiques et des vues sur les glaciers. Une montée au Gschwandenmad au début de l'automne est récompensée par une vue qui s'étend bien au-delà des cimes sombres des arbres en direction du glacier du Rosenlaui entre le Dossenhorn (à gauche, 3138 m) et le Wellhorn (3191 m).
▶ **Mürren avec l'Eiger et le Mönch (Canton de Berne, Suisse).** Mürren, situé en surplomb de la vallée de la Lütschine Blanche à 1650 mètres d'altitude, est une station tout aussi fréquentée en été qu'en hiver. Si l'on veut jouir d'un vaste panorama sur toute la région, il faut prendre le funiculaire jusqu'à Allmendhubel d'où l'on voit entre autres les sommets de l'Eiger, du Mönch et de la Jungfrau.

◀ **Rosenlaui Valley, with Mts Wellhörner (Canton Bern, Switzerland).** The Bernese Oberland round Grindelwald offers a superabundance of tempting mountain tours with fantastic panoramas of mountains and glaciers. A climb up to Gschwandenmad in early autumn is rewarded with a view extending far across the dark treetops to the Rosenlaui Glacier between Mt Dossenhorn (left, 3,138 m) and the Wellhörner (3,191 m).
▶ **Mürren, with Mts Eiger and Mönch (Canton Bern, Switzerland).** Mürren, situated in the Lauterbrunnen Valley at an altitude of 1,650 metres, is equally popular as a summer and winter resort. For an Alpine panorama that sweeps across the entire region, and includes the famous trio of Mts Eiger, Mönch, and Jungfrau, visitors should take the cable car to Allmendhubel.

◀ **Schloß Tarasp im Unterengadin (Graubünden, Schweiz).** Auf einem Bergkegel in 1505 Meter Höhe steht über dem Oberlauf des Inn unweit Vulpera das Schloß, jahrhundertelang Sitz österreichischer Vögte.
▼ **Das Matterhorn über Zermatt (Wallis, Schweiz).** Seine Höhe ist schon respektheischend: 4478 Meter. Doch seine Form ist es vor allem, die das Matterhorn unter den Gipfeln der ganzen Welt auszeichnet – und die dramatische Geschichte seiner Erstbesteigung am 14. Juli 1865 durch Edward Whymper und seine Seilschaft.

◀ **Château de Tarasp en basse Engadine (Grisons, Suisse).** Le château, qui fut pendant des siècles le siège des baillis autrichiens, est construit sur un mamelon à 1505 mètres d'altitude au-dessus du cours supérieur de l'Inn non loin de Vulpera.
▼ **Le Cervin au-dessus de Zermatt (Valais, Suisse).** Sa hauteur, 4478 mètres, est déjà impressionnante mais c'est sa forme qui l'a rendu célèbre ainsi que la dramatique histoire de sa première ascension le 14 juillet 1865 par Edward Whymper et ses camarades de cordée.

◀ **Tarasp Castle in the Lower Engadine (Grisons, Switzerland).** The castle, which was an Austrian enclave in the Grisons for centuries, is built on a conical hill at 1,505 metres altitude above the upper reaches of the Inn not far from Vulpera.
▼ **The Matterhorn, above Zermatt (Valais, Switzerland).** Its height – 4,478 metres – is already impressive, but it is its shape which brought fame to Mt Matterhorn, and the dramatic story of its first ascent on 14th July 1865 by Edward Whymper and his comrades which brought it notoriety.

◀ **Heidelberg, die Alte Brücke vor der Altstadt und dem Schloß (Baden-Württemberg, Deutschland).** Einen der obersten Ränge an Beliebtheit deutscher Städte nimmt für ausländische Besucher Heidelberg ein: Schloßromantik, Altstadtgassen, Lage am Neckar – alles stimmt. Wahrscheinlich lockt viele auch die nostalgische Vorstellung vom unbeschwerten Studentenleben vergangener Zeiten.
▶ **Berlin, die Kaiser-Wilhelm-Gedächtniskirche (Deutschland).** Durch die Wiedervereinigung der lange geteilten Stadt mögen sich manche Gewichte verschieben, doch die Ruine des alten Turmes zwischen dem modernen Achteck des Kirchenraumes und dem schlanken neuen Glockenturm wird immer die Blicke auf sich ziehen. Und gleich neben dem Bahnhof Zoo, zwischen Ku'damm und Tauentzienstraße, wird immer quirlendes Leben herrschen.
▶▶ **Lehde im Spreewald (Niederlausitz, Deutschland).** Kähne sind die altbewährten Transportmittel in dem Gewirr unzähliger flacher Wasserarme, in das sich die Spree südöstlich von Berlin aufzulösen scheint. Diese alte Auenlandschaft wurde von slawischen Sorben besiedelt, und über tausend Jahre haben sich sorbische Gruppen hier im Spreewald erhalten.

◀ **Heidelberg, le Vieux Pont devant la Vieille Ville et le château (Bade-Wurtemberg, Allemagne).** Sa merveilleuse situation sur le Neckar, son château romantique en grès rose, ses vieilles ruelles pittoresques, tout concourt à faire de cette ville une des plus populaires d'Allemagne parmi les visiteurs étrangers qui y associent peut-être également les charmes de la vie estudiantine. La célèbre université de Heidelberg est l'une des plus anciennes d'Allemagne.
▶ **Berlin, l'église commémorative de l'empereur Guillaume Ier (Allemagne).** La réunification de la ville longtemps divisée va entraîner un certain nombre de changements mais les ruines de la vieille tour entre les deux éléments modernes qui constituent la nouvelle église, un corps d'église octogonal et une tour quadrangulaire parallélépipédique, continueront d'attirer les regards.
▶▶ **Lehde dans la forêt de la Sprée (Niederlausitz, Allemagne).** Les barques à fond plat sont le moyen de transport traditionnel dans le labyrinthe des innombrables cours d'eau étroits où la Sprée semble se dissoudre au sud-est de Berlin. L'ancienne forêt de cette vallée marécageuse fut autrefois colonisée par les Sorabes, à l'origine Wendes, une tribu slave, et mille ans après il existe encore une minorité sorabe dans la forêt de la Sprée.

◀ **Heidelberg, the Old Bridge, the Old Town, and the Castle (Baden-Württemberg, Germany).** Heidelberg is one of the most popular German towns with foreign visitors, thanks to its happy combination of Romantic Olde Worlde picturesqueness and striking setting on the River Neckar. Many, perhaps, are attracted by vague associations with student-life in the operetta style.
▶ **Berlin, Kaiser Wilhelm Memorial Church (Germany).** There are bound to be a number of changes following the reunification of the divided town, but the ruin of the old tower between the modern octagon of the nave and the slim new bell-tower will long remain a symbol of the horrors of war.
▶▶ **Lehde in the Spreewald (Niederlausitz, Germany).** Punts are the traditional means of transport in the maze of shallow watercourses into which the River Spree seems to disintegrate to the south-east of Berlin. This ancient forest in the wetlands along the river was once settled by the Wends, a Slavonic people, and even a thousand years later Wendic is still spoken in parts of the region.

Dresden an der Elbe mit der Hofkirche und der Oper (Sachsen, Deutschland). Wie eine Vision des altberühmten »Elb-Florenz« liegt die Hauptstadt Sachsens vor uns. Aus den Trümmern nach dem verheerenden Bombenangriff in der Nacht vom 13. auf den 14. Februar 1945 sind Bauten wiedererstanden, die den Ruhm der einstigen Barockstadt und Residenz der sächsischen Kurfürsten ausmachten wie Zwinger und Brühlsche Terrasse, Hofkirche und Kreuzkirche, Gemäldegalerie und Semper-Oper.

Dresde sur l'Elbe avec l'église catholique de la Cour et l'Opéra (Saxe, Allemagne). La capitale de la Saxe s'étend devant nous comme une vision de la célèbre «Florence sur l'Elbe». Des ruines laissées par le terrible raid aérien de la nuit du 13 au 14 février 1945 sont ressuscités des édifices qui firent la gloire de l'ancienne ville baroque et résidence des princes électeurs de Saxe comme le Zwinger et la terrasse de Brühl, l'église de la Cour et l'église Sainte-Croix, la galerie de peinture et l'Opéra de Semper.

Dresden on the Elbe with the Hofkirche and Opera House (Saxony, Germany). The capital of Saxony extends before us like a vision of the famous "Florence on the Elbe", once the capital of the Electors and Kings of Saxony. A massive air-raid in the night of 13th February 1945 razed the town to the ground, but from the ruins some of the Baroque buildings which made it famous have risen again: the Zwinger museum, the Brühl Terrace, its main churches – the Hofkirche and Kreuzkirche –, the Art Gallery, and the Semper Opera.

◀ **Michelstadt, Marktplatz mit Rathaus und Stadtkirche (Hessen, Deutschland).** Eine der traulichsten deutschen Kleinstädte ist Michelstadt im Odenwald. In seltener Geschlossenheit präsentieren sich das Rathaus, ein gotischer Fachwerkbau von 1484, die spätgotische Stadtkirche und die behäbigen Bürgerhäuser am Markt, dessen blumengeschmückter Renaissancebrunnen munter plätschert.

▶ **Helgoland, der Rote Fels (Schleswig-Holstein, Deutschland).** »Grün ist das Land, weiß ist der Strand, rot ist die Kant'«, faßt der Merkspruch das Naturwunder Helgoland zusammen. Als Hoffmann von Fallersleben 1841 hier den Text für das Deutschlandlied schrieb, war die Insel noch englisch. Sie wurde erst 1890 von Bismarck gegen die ostafrikanische Insel Sansibar eingetauscht.

◀ **Michelstadt, la Place du Marché avec l'hôtel de ville et l'église paroissiale (Hesse, Allemagne).** Michelstadt dans l'Odenwald est une des petites villes les plus sympathiques d'Allemagne. Elle s'enorgueillit d'un charmant hôtel de ville, un édifice à colombage gothique datant de 1484, d'une église de style gothique tardif et de belles maisons bourgeoises autour de la Place du Marché ornée d'une fontaine Renaissance joliment fleurie.

▶ **Helgoland, le Rocher Rouge (Schleswig-Holstein, Allemagne).** «Verte est la terre, blanche est la plage, rouge est la roche», ce sont là les mots qui résument la beauté de l'île d'Helgoland. Lorsque Hoffmann von Fallersleben y écrivit, en 1841, le texte de l'hymne national allemand, Helgoland était encore anglaise. Elle fut cédée à l'Allemagne en 1890 en échange du protectorat de Zanzibar.

◀ **Michelstadt, market place with town hall and parish church (Hesse, Germany).** Michelstadt in the Odenwald is one of Germany's most idyllic small towns. Its centre – with the Town Hall, a Gothic half-timbered construction dating back to 1484, the late-Gothic Parish Church, and the fine houses around the market place, with an ornamental Renaissance fountain – is particularly well-preserved.

▶ **Heligoland, the Red Rock (Schleswig-Holstein, Germany).** "Green land, red rock, white strand" runs the catchword that sums up the main features of this rocky island. When Hoffmann von Fallersleben wrote the text for the German national anthem here in 1841, Heligoland was still British. It was ceded to Germany in 1890 in exchange for Zanzibar.

Schloß Glücksburg bei Flensburg (Schleswig-Holstein, Deutschland). In den Wassern eines künstlich angelegten Sees spiegelt sich das Renaissanceschloß – als Deutschland noch einem Flickenteppich aus vielen kleinen und einigen großen Herrschaften glich, Residenz der Herzöge von Schleswig-Holstein-Sonderburg-Glücksburg. Das Städtchen Glücksburg auf der Halbinsel Holnis in der Flensburger Förde ist Deutschlands nördlichstes Ostseeheilbad.

Le château de Glücksburg près de Flensburg (Schleswig-Holstein, Allemagne). Le château Renaissance se reflète dans les eaux d'un lac artificiel. Il fut la résidence des ducs de Schleswig-Holstein-Sonderburg-Glücksburg à l'époque où l'Allemagne était partagée entre un grand nombre de petites maisons princières et quelques grandes. La petite ville de Glücksburg sur la péninsule d'Holnis dans la baie de Flensburg est la station balnéaire de la Baltique la plus septentrionale d'Allemagne.

Glücksburg Castle, near Flensburg (Schleswig-Holstein, Germany). The outline of the Renaissance castle reflects in an artificial lake. The castle was built by the dukes of Schleswig-Holstein-Sonderburg-Glücksburg at a time when Germany was a patchwork quilt of many small and a few large princedoms. The little town of Glücksburg on the Holnis Peninsula in the Flensburg Fjord is Germany's most northern Baltic resort.

◀ **Schloß Neuschwanstein vor den Lechtaler Alpen (Bayern, Deutschland).** Hoch über der Pöllatschlucht ließ König Ludwig II. von Bayern sich vor hundert Jahren eine Ritterburg nach damaligen Vorstellungen errichten. Nicht nur die zahllosen Gäste aus der Neuen Welt und dem Fernen Osten bewundern diesen romantischen Traum des Märchenkönigs.
▶ **Sankt Koloman bei Schwangau (Bayern, Deutschland).** Wie aus einem Wintermärchen hingezaubert erscheint die blütenweiße Wallfahrtskirche.
▶▶ **München, Schloß Nymphenburg (Bayern, Deutschland).** Die Kurfürsten von Bayern legten vor den Mauern ihrer Residenzstadt München das prachtvolle Lustschloß in einem weiten Park an. Deutsche, französische und italienische Kultur klingen hier zu einem Meisterwerk von europäischem Rang zusammen.

◀ **Le château de Neuschwanstein avec les Alpes de Lechtal (Bavière, Allemagne).** Il y a cent ans, le roi Louis II de Bavière s'est fait construire ce château fantastique dans le goût de l'époque sur un rocher dominant la gorge de la Pöllat. Cette incarnation des rêves romantiques du souverain bavarois, le «roi de conte de fées», attire aujourd'hui des touristes du monde entier.
▶ **Saint-Coloman près de Schwangau (Bavière, Allemagne).** L'église de pèlerinage blanche comme neige semble sortie tout droit d'un conte d'hiver.
▶▶ **Munich, le château de Nymphenburg (Bavière, Allemagne).** Les princes électeurs de Bavière firent construire ce splendide château de plaisance dans un immense parc à l'extérieur des murs d'enceinte de Munich. L'art allemand, français et italien sont ici réunis en un chef-d'œuvre de niveau européen.

◀ **Neuschwanstein Castle, with the Lechtal Alps (Bavaria, Germany).** A hundred years ago King Ludwig II of Bavaria had this purely decorative castle built in the taste of the period high above the Pöllat Gorge. This romantic dream in stone of the 'Fairytale King' is now a magnet for tourists from Germany and all over the world.
▶ **St Colman's near Schwangau (Bavaria, Germany).** The snow-white pilgrimage church merges perfectly with its wintery surroundings.
▶▶ **Munich, Nymphenburg Palace (Bavaria, Germany).** The Electors of Bavaria built this splendid country seat in a large park outside the city walls. Here, German, French, and Italian creativity united to form a masterpiece of European importance.

Ortsregister / Index alphabétique / Index of Places

Die Seitenzahlen verweisen auf die Bildtexte.
Les numéros des pages renvoient aux légendes.
The page numbers refer to the captions.

Bildquellen / Illustrations / Sources of Photographs

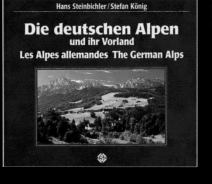

Gunter Steinbach/Werner Zepf

Zauberwelt der Schmetterlinge
The Magic of Butterflies
Papillons

Hans Steinbichler / Stefan König

Die deutschen Alpen
und ihr Vorland

Les Alpes allemandes The German Alps

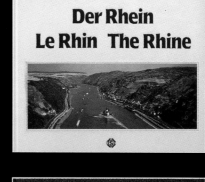

Burgen
in Deutschland

Thaddäus Troll

Georg Kleemann

Der Rhein
Le Rhin   The Rhine

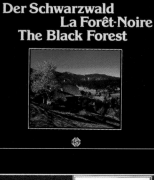

G. Kleemann/C. L. Schmitt

Der Schwarzwald
La Forêt-Noire
The Black Forest

G. Kleemann / C. L. Schmitt

Das
Hohenloher
Land

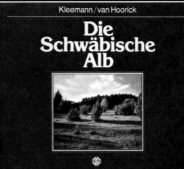

Kleemann / van Hoorick

Die
Schwäbische
Alb

Franz Oexle/Toni und Marco Schneiders

Der Bodensee
Le Lac de Constance
Lake Constance

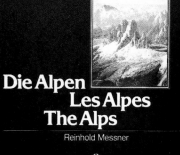

Susanne Ulrici

Deutschland
Allemagne
Germany

Die Alpen
Les Alpes
The Alps

Reinhold Messner

Niklaus Flüeler

Die Schweiz
La Suisse
Switzerland

Reinhold Messner

Die schönsten Gipfel der Welt
Les plus beaux sommets du monde
The world's greatest peaks

Susanne Ulrici

Unsere wunderschöne Welt
Notre monde merveilleux
Our wonderful world

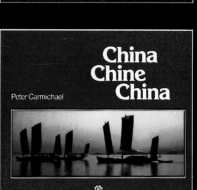

China
Chine
China

Peter Carmichael

Zauber
welt
der Mineralien

Medenbach/Wilk